邪道？
イングリッシュのすすめ

文科省英語学習指導要領に異議あり！

古居雄一

文芸社

はじめに

私は愛知県の公立高校で三十四年間英語を教え、令和元年（二〇一九年）に定年退職をしました。その三十四年間で特に目立った実績を上げたわけでもなく、教頭や校長として学校の名声を上げたわけでもない、ごく普通の平教員として教員生活を終えました。そんな私ですが、平凡な一教員であるからこそ、現場の素直な声を届けられるのではないか、文部科学省が推し進めようとする指導に異論をぶつけることで、日本の英語教育の在り方を考えてもらうきっかけになるのでは、と思い、退職してできた時間を使って、私なりの意見をまとめてみることにしました。

文科省は、二〇〇八年に発表した高等学校学習指導要領において、以下のように定めています。「英語に関する学科の各科目については、その特質にかんがみ、生徒が英語に触れる機会を充実するとともに、授業を実際のコミュニケーションの場面とするため、授業は英語で行うことを基本とすること」。この指導内容を聞いた時、私自身の英語学習体験や生徒と接してきた経験などから、非常に違和感を覚えました。

文科省が進めようとしている「オールイングリッシュ」の英語教授法は、私がアメリカの大学に留学した時に出会ったTESOL（Teaching English to Speakers of Other Languages：外国語としての英語教授法）をそっくり日本に持ち込もうとしているものだと感じました。TESOLは海外からアメリカに移住してくる移民や、留学生たちにアメリカでの生活で使う英語を習得させるための教授法ですが、それを安易に日本に持ってきて、それで日本人の「英語コミュニケーション能力」が上がると思うこと自体が間違っていると感じています。

我々現場の教員は「文科省の学習指導要領」に必ず忠実に従わなければならないのでしょうか。「文科省の指導」はそれほど最新式の最高の指導なのでしょうか。その「指導」に従って教えれば、全国にレベルや環境の違う学校が山ほどあるのに、すべての学校、すべての生徒にうまく教えられるのでしょうか。現場で直接生徒を指導している教員が一番、その生徒のことを理解しているはずです。

現場で生徒を観察していて文科省の「学習指導要領」が間違っていると感じたら、現場の先生方はもっと現場から声を上げてもよいのではないかと思います。「自分は退職して気楽な立場だから」と言われそうですが、その通りです。私自身は十年前に文科省の「オールイングリッシュ」の指導法を聞いた時、非常に違和感を覚え、その意見を論文にまとめたものの、退職するまでそれを公表できずじまいでした。今回は出版社の方に協力をいただいて、現場の先生方を応援するつもりで、その論文を土台にこの本を出版することにしました。

まずは「コミュニケーション能力」と「言語運用能力」は違うものであるし、人と人との交流は「言語運用能力」を高めるだけで深まるものではないはずです。中学時代は英語落ちこぼれだった私の英語との出合い、そしてアメリカ人との交流、高校での英語教育の経験を通じた現場からの声を知っていただけたらと思います。

CONTENTS

COLUMN

第一章　筆者と英語との出合い

まずは著者の私はいったい何者なのだ、ということですが、私が生まれ育ち、英語と関わってきた様子をご紹介します。

英語との出合い

私が中学校に入学して出合った英語の印象は、あまりいいものではありませんでした。中学校の授業で初めて出合った英語は、なんだか面倒くさそうな教科だなあといったものでした。中学時代はじっくり机に向かって勉強をするのが苦手だった私は、英語だけでなく、全般的にどの科目もあまりできませんでした。その中でも、特に英語は、ひとつずつ覚えるべきことを何ひとつ覚えていなかったので、テスト勉強といえば、教科書の基本例文の丸暗記しかできませんでした。今になって考えてみると、実に簡単なことが分かっていなかったと思います。

私の中学時代は当然、成績はまったく振るわず、三年生の時に担任の先生に呼び出され、「普通科に進学したいなら、もう少し英語を勉強せんといかんな」と言われました。しかし、そのころは、自分が普通科で勉強して大学に行くイメージもなかったし、どんな勉強をしたらいいのかも分からなかったので、結局、商業科に進むことになりました。

高校二年生になり、進路をどうするかと担任の先生に聞かれ、「行けるものなら大学に進学してみたい」と答えました。普通科の生徒と比べて、勉強の絶対量も違うので、受験に対応するだけの実力はなかったと思いますが、二年生の夏休みを過ぎたころから、大学進学も考えるようになりました。今から考えると、そう思ったら、普通科の先生に勉強方法を相談に行けばよかったと思いますが、その時は、自分で考えた勉強方法にチャレンジしてみました。

まず、英語なんて単語を覚えればいいんだと思い、英語の辞書の単語を覚えていこうと思いました。単語をひとつずつノートに書きまくって覚えようとしてみました。……しかし、一週間経って、進んだページと残っているページを見くらべてみて、がく然としてしまいました。しかも一週間前に覚えたはずの単語も覚えていない状態でした。……私の最初の英語勉強法は見事に失敗、一週間で挫折してしまいました。

そして、三年生になり、商業科の中で、本気?? で進学を考えている生徒三名は、普通科の先生に個別指導をしてもらうことになりました。その時の商業科からの受験は、社会の代わりに商業科目で受験できたので、国語と英語を指導してもらうことになりました。その時、私を担当してくれた英語の先生は、薄い英文法の問題集を渡してくれ、「英文法の基礎（参考書）を参考にしながら、この問題集を何度もやりなさい。そうすれば受験は大丈夫」と言ってくれました。

これも、今から考えると、この問題集一冊で大学受験が大丈夫なわけはないのだけれど、この先生は商業科の生徒はこれくらいが精いっぱいだと思ったのかもしれません。しかし、この問題集をひととおりやることによって、私はようやく英語の基本的な文法が分かるようになりました。また、私のような生徒のために、肝心の普通科の生徒を教える時間を割いて指導してくれたこの先生に、今でも感謝しています。

そうやって受験勉強が始まった矢先の五月に私の父親がガンで亡くなってしまい、私の進学はなんとなくあやしくなりました。そして、進路がうやむやのまま、「高校三年生の夏休みにアメリカにホームステイに行ってきます」と言ったら、先生たちがいっせいにひっくり返ってしまいました。「お前、何考えとるんだ。夏休みに勉強せんでアメリカなんかに行っとったら、大学進学なんて、できるわけないだろ」……これは今考えてもごもっとも、私が担任する生徒がこんなことを言い出したら、きっと同じことを言ったと思います。しかし、この時の私は、進学希望と言っておきながら、五月に父親が亡くなったことで、進学はどちらでもよくなっていたし、アメリカに行くことで心機一転し、自分の進路を考え直したいとも思っていました。

我が家にアメリカのホームステイの話が持ち上がったのは、近くに国際交流クラブのようなものができたことがきっかけでした。私自身はあまり英語ができなかったので興味はありませんでしたが、私の妹たちがそこに入会することになりました。そして、その当時はまだ国際交流やホームステイという言葉が出始めたばかりで、ホームステイの募集といってもなかなか人数が集まらなかったようでした。そこで会員でなくても参加できると聞き、私はこの話に飛びつきました。この時私は、アメリカという国を見てみたいと思ってホームステイに応募しましたが、アメリカに行ったら英語を話さないといけないということまであまり考えていませんでした。

そしてちょうど父親が亡くなり、四十九日法要を終えたころ、アメリカからホストファミリーが決まったという連絡が入りました。その中にホストファミリーの写真と、ホストマザーから私の母へ宛てた手紙が添えられていました。

「ご主人を亡くされて、さぞ淋しい思いをされていることと思います。そんな時に息子さんを外国に送り出すのは大変心配であることは分かります。でも、息子さんを送り出していただけたら、こちらでお父さんを亡くされたことを忘れるくらい、精いっぱい楽しい思い出ができるようお手伝いします。息子さんのことは安心して送り出していただけたらと思っています」

この手紙を読んで、母は私をアメリカに送り出す決心をしてくれました。この時から我が家では私が高校三年生の夏休みにアメリカに行くことは既定路線だったのですが、学校のほうにこのことを伝えたのが夏休み前の保護者会のあたりだったと思いますので、担任やら進路担当の先生はびっくり仰天だったと思います。

アメリカでのホームステイ

アメリカに着いてみると、それまで少しばかり勉強した英語なんて、まったく役に立ちませんでした。しかし、人間同士の付き合いに言葉はあまり関係ありませんでした。アメリカという国は分かりやすい国で、腕力のある者、スポーツのできる者は尊敬される国なのです。私がホームステイしたのは、ミシガン州のモレンシーという人口がたった八千人という田舎町の農家の家庭でした。

そのホームステイの初日になぜか、ホストファミリーの人たちと腕相撲をすることになりました。ホストブラザーやシスターたちに勝った私は、最後にホストのお父さんと勝負しました。ホストファーザーは毎日農場に出ている人で、腕の太さは私の二倍ほどもありました。しかし、私だって高校バレー部のエースだったんだぞ、と思って勝負したら、勝ってしまいました。野球もまあまあ自信があり、その後、いっしょにソフトボールをやった時に、たまたまホームランをかっとばしました。

そんなことがきっかけになったのかもしれませんが、私のアメリカでの生活は、まったく言葉が通じないわりにとてもうまくいきました。言葉が分からなかったおかげで、嫌なことも分からずにいつもにこにこしていたのがよかったのかもしれません。また、私にとって、農場の仕事は珍しくて、牛の世話やら農場の見回りやら進んで手伝ったことで、気に入られたのかもしれません。

私と同い年のホストブラザーのジャックとはとても気が合って、次の年には、ジャックが日本の我が家に来てくれることになりました。私としては、ジャックの妹のひとりが美人だったのがうれしかったのですが、母親のキャローが私のことをとても気に入ってくれて、私が日本に帰った後も、二週間ごとに手紙を書いてくれました。私にとってそのキャローの手紙は貴重な教材となりました。辞書で全部単語を調べて内容を解読し、今度は辞書を使って単語を並べて返事を書きました。

今から思うと、高校三年生の四月から半年間、簡単な問題集をやって英文法の基礎を学び、その後、手紙を書くためにやったこの英作文のトレーニングがかなり私の英語力をつけるのに役に立ったと思います。とはいえ、このころの私の英語作文力はまだまだ初歩の初歩、こんな間違いをしたことを覚えています。

私がアメリカに行った翌年、ホストブラザーだったジャックが一ヵ月間日本に来てくれることになり、彼女と一ヵ月も離れてしまうことになるので、彼女に悪いね、と言うつもりで「Your girlfriend is bad（お前の彼女は悪いやつだ）」と手紙に書いてしまったので、彼女のどこが悪いんだ、と怒られました。辞書を引きながら、一生懸命弁解しましたが、ちゃんと分かってくれたかどうか。

就職後の仕事と英語の勉強

私の高校卒業後の進路はというと、母親の知り合いの紹介で、大阪の木材会社に就職することに決まりました。大阪での仕事が始まり、ある程度仕事に慣れてきたころ、夏にアメリカのホストブラザーもやってくるし、いつかまた自分もアメリカに行きたいと思っていたので、英語の勉強を始めることにしました。この時の教材はＮＨＫのラジオ英語会話でした。とりあえず、このテキストに出てくる英語の表現を片っ端から覚えていきました。ラジオ講座の放送時間は朝早かったので、タイマーを使ってラジカセで録音し、目覚めた後、テープを巻き戻して朝食を食べながら自分の部屋で聞き流しました。昼食時には、弁当を食べながらテキストに目を通しました。そして夜には、テキストを見ながらテープを聞き、その後、単語やそこに出てくる文を残らず覚えていきました。

この年の夏、アメリカで私を受け入れてくれたホストブラザーのジャックが我が家にやってきました。また、美人のホストシスターのジルも名古屋市内の家庭にホームステイすることになりました。私は会社に無理を言って休暇をとり、ジャックと過ごしました。それまでほんの数ヵ月ラジオを聞いただけだったのに、私がアメリカにいた時よりもはるかに、ジャックの話す英語が分かるようになっていました。ジャックは日本で私と楽しく過ごし、日本大好き人間になってアメリカに帰って行きました。その後、ジャックは大学に進学し、そこで積極的に日本人留学生の世話をして日本人の友人を作りました。

ジャックの受け入れが終わった後、私は相変わらず仕事を続けながらラジオにしがみついていました。だんだん余裕が出てくると、ラジオ英語会話だけでなく、ラジオ講座の他の番組も聞くようになり、さらにお金に余裕が出てくると、テープ教材も買ってきて、暇さえあれば英語を聞くようになりました。そのころは、アメリカに思いを寄せて英語を勉強するのが楽しくてしかたがなかったように思います。仕事から寮に帰ってくるなり英語の勉強をしている私に対して、寮の先輩たちはとても温かく接してくれました。私が夜遅くまで起きていると、差し入れを買ってきてくれたり、夜食を食べに誘ってくれたりしました。寮には、ここには書けないようなとんでもない人もいましたが、全般的にはとてもいい人たちでありがたかったです。

大阪の会社に入って半年間、床柱《とこばしら》の倉庫で柱の管理や出荷の仕事をした後、私は営業担当になり、全国あちこちにトラックで床柱を積んでいき、展示即売会で床柱を販売するといった展示即売会巡りが主な仕事になりました。私の英語の勉強はというと、トラックの中でテープを聞いたり、出張先のホテルでテキストを眺めたりすることが多くなりました。

COLUMN1　大阪での仕事

私は父の一周忌の法要を済ませると、気分を一新するために自転車で大阪の会社へと向かいました。奈良の山を越えて、多武峰《とうのみね》のユースホステルで一泊した後、お昼前に会社に到着し、自転車を事務所の前にガチャンと停めて、「愛知県から来ました、古居といいます。よろしくお願いします」と言って、事務所に入りました。

仕事のこと、給料のこと、寮のことなどを説明してもらった後、営業部長がやってきて「愛知県から自転車で来たんか。なかなか根性がありそうだな。一年ぐらいは倉庫で見習いをしてもらうつもりだったが、半年もあればいいだろう。夏から営業に出てもらう」と言われました。私は最初、一年ぐらいで仕事に慣れたら二年目ぐらいから夜間の大学にでも行かせてもらおうかなと思っていたのですが、それはできなくなりました。もういろんな注文を聞いてもらっていますので、夜間の大学のことまでは口にできませんでした。

私の仕事は銘木倉庫で、吉野の山から切り出してきた木の皮をむき、磨いて乾燥させ、床柱として販売するということでした。そして初めて大阪で暮らすことになり、言葉の壁も実感しました。銘木倉庫で働き出した一日目、午後六時半近くなり、そろそろ今日は終わりかなと思っていると、一緒に仕事をしていたオバさんに「古居君、そのチェーンソーなおしてんケ」と言われました。「エッ、チェーンソーの直し方なんて知らないのに、どこをどう直したらいいんだろう?」としばらくチェーンソーを眺めていると、そのオバさんが気づいてくれ、「古居君、もしかして言葉がわからんのかい。『なおしといて』というんは、『しもうといて（片付けといて）』ということやわ。そこの棚の上に置いてくれたらええんや」と言ってくれました。最初の一ヵ月はそんなことの連続でした。

再びアメリカへ

仕事をしながらの勉強なので、勉強量としてはたいしたことはなかったですが、ラジオやテープが聞けるようになってくると、だんだん英語がおもしろくなってきました。そうなると、自分の英語の力を試したくなってきました。ラジオ講座のテキストをめくっていると、語学研修短期留学の案内が目に留まりました。アメリカに行って、思いきり勉強してみたいなあ、と思ったら、社長の自宅のドアをノックしていました。「ここ半年、ほとんど休みがありませんでしたし、英語の勉強がしてみたいと思います。アメリカに語学の勉強をしに行きたいので、一ヵ月休暇をください」と、社長に直訴しました。社長は、「若いうちの勉強はいいことだし、勉強しに行くなら行ってきなさい」と言ってくれました。

何の相談もなく頭を越された部長と課長は不満たらたらでしたが、社長が承知してくれたらこっちのもの、大阪の旅行会社に手続きをして、三週間の語学研修+一週間フリーというプランで、再びアメリカに行くことになりました。まず、フリーの一週間はホストファミリーのいるミシガン州へ飛行機で飛び、懐かしい友人たちと再会を楽しみました。

その後、ロサンゼルスに飛行機で戻り、ディズニーランドのあるアナハイム市からバスで一時間ほど行ったところにある、カリフォルニア大学リバーサイド校に行き、三週間の語学研修を受けました。初日にプレイスメント・テスト（クラス分けのためのテスト）があり、自分がどのレベルのクラスに入るかが決まります。仕事をしながら勉強をしていた私にとって、一日中英語の勉強だけをする生活はとても新鮮で、しかもアメリカの大学のキャンパスにいるかと思うと、それだけでウキウキしながら勉強していました。

語学研修から日本に戻ってから、気分一新して仕事に精を出して……とはいきませんでした。社長に直訴までして行かせてもらったので、その分しっかり仕事をしなきゃと思ったのですが、気持ちはアメリカに向いたまま、もっと本格的に勉強してみたいという思いがどんどん大きくなってしまいました。八月の終わりにアメリカから帰ってきて二ヵ月経った十一月の初め、残業が終わった後、作業服のまま、またまた社長の家を訪ねていきました。

社長の奥さんが出てきて、「ちょうど夕飯ができたところだから食べていきなさい」と言ってくれました。「いいえ、社長に話があるんです」と言うと応接室に通してくれました。「実は、大学に行って、本格的に英語の勉強がしたいんです。仕事を辞めさせてください」……アホかお前は、夏に一ヵ月も休暇をやったじゃろ……と言われてもおかしくなかったけれど、社長は自分の申し出を受けてくれました。「そうか、勉強したいならしゃあないな。しっかり勉強せなあかんぞ。そやけど小さな会社で代わりのもんがおらんのでな、十二月末までは仕事を続けてくれんか」と言ってくれました。

そんなもん、十二月でなくても三月まででもやりますよ、どうせ今からじっくり受験勉強しなくちゃいけないし、と思いました。「まあ、今日は夕飯でも食っていけや」と言ってくれたので、「はい、ありがとうございます」とごちそうになってしまいました。……我ながらずうずうしいやつ……でも、その時にごちそうになったすき焼きは決して忘れられない食事になりました。

会社を辞めて大学受験

その年の十二月の終わりに会社を辞め、翌日、寮から引っ越しをしました。そして、一月から受験勉強を開始しました。大学はとにかく英語のできる大学、できればアメリカに留学することが可能な大学と思い、大阪で二つ、東京で二つ選び、出願することにしました。

じっくり一年勉強してからでないと、大学には入れないだろうと思っていましたが、目の前に入試があるから、とりあえずやるしかありませんでした。英語はラジオを二年以上聞いていたので、会話表現とリスニングには自信がありましたが、長文読解も文法問題ももうひとつ自信がありませんでした。問題は英語以外の科目、この一ヵ月だけでなんとかなるものではないけれど、とりあえず国語の古典ぐらいはと思い、本屋で簡単そうな問題集を一冊買ってきました。そして一日のうち十時間は古典の勉強をし、残りは英語と漢字の復習に取り組みました。

三つ目の大学を東京で受験し、家に電話したら、関西外国語大学から合格通知が来たと知らせてくれました。またまた縁があって、大阪でひとり暮らしをすることになりましたが、高校卒業後に大阪で言葉の壁、文化の壁を体験し、社会人経験をしてからだったので、大阪での大学の下宿生活はまったく問題はありませんでした。

COLUMN2　大学の費用を自分で稼ぐ

私が大阪で就職したのはもう四十五年以上も前のことですが、おそらくその時の給料は八万円か八万五千円ほどだったと思います。しかし、当時はものすごく景気のいい時期でほぼ毎日残業を二時間以上やり、営業に出るようになってからは、朝の六時に出勤して、夜十時に帰宅などということもザラでした。私は営業部の一員でしたが、未成年ということもあって、正規の営業員ではなく、銘木倉庫の営業担当係ということで、給料は日給月給の時間制でした。ですから、月に二回ほど地方の展示即売会についていって、日曜日が潰れたりすると、その月の給料は基本給の倍ほどになっていることもよくありました。

遊んでお金を使う暇もないほど働いた、ということと、先輩たちによく食事をおごってもらったせいもあったかもしれませんが、おカネは貯まりました。三年弱しか働いていないのですが、三年目のアメリカ語学研修旅行の費用を差し引いても、二百万円以上貯まりました。これで大学の最初の二年間の授業料と生活費はまかなえました。三年目にアメリカ留学をしたので、その時はさすがに母親に援助してもらいましたが、アルバイトで稼いだ分を足すと、なんとか大学の費用は自分で出すことができました。

今、奨学金という名目でローンを抱えて困窮する学生が多いようですが、安易にお金を借りてしまうと後で返す時に苦しむことになります。現在は大学も比較的入学が易しいので、高校卒業時に親から援助が見込めない人は、二年ほどしっかりお金を貯めてから進学するといいんじゃないかと思います。二年間働いているうちに勉強意欲が消えてしまったとしたら、それはそんなに大した勉強目的ではないだろうし、一、二年社会で働いてみると、大学に入って勉強する目的も意識も変わってくると思います。そしてなにより、自分のお金で勉強しているんだという意識が強くなって、他の学生が遊んでいようが自分だけは勉強しようという気にもなれます。

大学での英語の勉強

私が大学に入って痛感したこと、それは、私は自分なりに英語を勉強してきたつもりでしたが、普通科の進学校と言われる高校で英語を勉強してきた人たちと比べて、自分ははるかに単語力が劣っていること、そして長文読解の力がないことでした。英文講読の最初の授業で、テキストを開いた隣の子が、「このテキストはありがたいなあ、ほとんど単語を調べなくても読める」と言ったのを聞いて、テキストを読んでみると、一ページに二十個以上も知らない単語が並んでいました。同級生たちがすらすら読むテキストを、こちらは辞書を二十回以上も開いて一ページずつ進むしかありませんでした。

しかしながら、同級生の大半はリスニングの訓練をほとんど受けていなかったので、外国人講師の話す英語が理解できず苦労していました。私は英語会話だけは三年間ラジオを聞いていたのでお手の物でした。リーディングや文法の授業では小さくなっていた私が、社会人経験もあり英語会話もうまいということで、同級生たちからは結構尊敬してもらいました。

私がまず大学に入ってやったことは、大学の図書館をひととおり見て回ったことでした。図書館の係の人が、この図書館の蔵書は十五万冊あります、と言っていました。高い授業料を取り返すなら、まずこの図書館にある本をできるだけ読むことだと思いました。幸い私の下宿は大学の目の前だったので、授業が終わると、この図書館に閉じこもって、一冊本を読んで帰ることにしました。その当時はどんな本を読んでいいのか分からなかったので、とにかく海外事情について書いてある本を片っ端から読もうと決めました。

今から振り返ってみると、この大学一年生の時にかなりたくさんの本を読むことが、読解力の基礎を作るのに非常に役に立ったように思います。語学力は自分の母国語の国語レベル以上には決して高くならないものです。語学の達人になるためには、まず第一段階として本をたっぷり読んで読解力をつけることです。大学の講読の授業では、単語の力がないため、予習をして、とにかく知らない単語を片っ端から調べていきました。普通科の高校生がやっているようなことを大学に入ってからやったということです。

大学一年生の時には、英語のリーディングの力がなかったので、大学のテキスト以外に日本語と英語の対訳本をかなり読みました。話の筋が分かっていて、なるべく易しい英語で書かれているものがいいと思い、最初のうちは、アンデルセン童話とか、『フランダースの犬』の対訳本をどこにでも持っていって、英語と日本語を見くらべながら読んでいました。ある時、電車の中で熱心に読んでいると、小学生の女の子に「あのおにいちゃん、『フランダースの犬』読んでるよ」と言われてしまいました。電車の中で読む時はカバーをつけたほうがよいですね。

大学一年生の夏休みが過ぎたころには、だいぶ英文を読むことに慣れてきたので、英字新聞にチャレンジしました。大学の図書館に置いてある英字新聞を開き、とにかく最初のうちは、一日一つの記事を読むことが目標でした。時間に余裕のある日は少々長めの論説や特集記事、時間がない日は小さな火事のニュースや交通事故の記事、またはスポーツ記事などに目を通し、そこに出てくる意味の分からない単語をこでも片っ端から調べ上げました。この時期は、大学の授業と図書館、そして下宿に閉じこもって、まるで受験生のような勉強をしていました。

大学といえばサークル活動ですが、昼休みのみ、英語を語ろうという「STEP」というサークルが目に入りました。昼休みだけならいいか、と思って入ってみたら、これまたすごいサークルで、その後の私の大学生活の中心となってしまいました。このSTEPとは英語検定協会（the Society for Testing English Proficiency）のことで、大学ができた当初、大学のレベルが少しでも上がるようにと、アメリカ人教授が英語検定一級合格を目指す精鋭を集めて、会話の指導をする目的で作られたサークルでした。

このサークルに入ってみたら、先輩たちはスピーチコンテストで連続優勝する人やら、オーストラリアに国費留学する人、高校時代にすでに英検一級を取得してしまった人などがいて、入部した私たちにするどい英語で話しかけてきました。観光旅行で海外に行くための会話でも楽しくできるのかと、安易な気持ちで入部してきた人たちは一週間もすると逃げ出してしまいました。昼休みのほんの三十~四十分なのに、このサークルが終わると本当に疲れました。大学二年生になると、なんと私がそのサークルの部長となってしまいました。私が部長になると、私がラジオで聞いてきた英語が「楽しい英語会話」という印象が強かったせいか、「少数精鋭の厳しい英語道場」から、来る者を拒まずの「楽しい英語会話サークル」に変身してしまいました。

そういえば、私は高校まで英語は苦手でしたので、大学に入学するまで、英語検定の四級すら受けたことがありませんでした。大学に入り、ここまで自分なりに勉強した成果を試してみようと思い、二級から受けてみることにしました。二十一歳になって初めて英語検定を受けてみたら、意外に簡単だったので、自信がつきました。そして英字新聞とラジオ講座の勉強をさらに一年続けた後、いよいよ念願のアメリカの大学への留学生選考試験にチャレンジしました。第一次選考はTOEFLという試験、二次は外国人講師との面接でした。面接は得意でしたので、一次さえ受かればなんとかなると思っていたら、幸運にも合格することができ、大学三年生の夏から一年間アメリカの大学に留学できることになりました。

第二章　アメリカ留学で感じた語学教育

私はもともと英語が苦手だったこともあり、自分が大学で英語を専攻するようになると、英語教育に興味を持ち始めました。そしてアメリカの大学では外国からアメリカにやってくる人たちに英語を教えるTESOLプログラムや二ヵ国語教育（バイリンガル・エジュケーション）のプログラムに出合い、英語教育のことを考える機会を得ました。

アメリカの大学の授業

そしてその年（一九八二年）の九月から、いよいよアメリカの大学に乗り込むことになりました。私の留学先はミネソタ州のハムリン大学という私立の比較的小規模な大学でした。アメリカでの大学生活の細かいエピソードは省略しますが、やはり語学を本格的にやろうと思ったら、正規の大学に留学するのが一番だと実感しました。とにかく要求される読書量が半端ではありません。五百〜六百ページもある教科書を四、五冊買わされて読むことになります。授業では、その他に補助プリントやら資料やらがさらに配布されます。そして二週間ごとに行われる小テストの範囲は百～二百ページでした。これ、ほんまに小テスト⁇　って感じです。

スピーチの授業をとったら、二週間に一つずつスピーチを作らされて発表しなければなりませんでした。政治学の授業では、教科書以外に副教材がたっぷりあって、おまけにフォークランド紛争のことなどを調べて小論文まで書かされるものだから死にそうでした。しかし、おかげで当時のソ連とアメリカの力関係がよく分かりました。

スピーチの授業をとっておもしろいと感じたのは、アメリカ人の学生たちでも人前でスピーチをするとなると緊張するものだということが分かったことです。緊張して途中で内容を間違えてしまったり、忘れてしまって口から出てこなくなってしまったり。アメリカ人は物事をはっきり言う人が多いので、人前で話すことなど平気なのかと思っていたら、意外に多くの生徒が緊張しながらスピーチをするのを見て、ちょっぴり自信がつきました。

また、政治学の授業は軍事バランスから国際情勢を分析する「パワー・ポリティクス」を習いました。日本でちゃんと政治学の授業を受けたことはありませんので、はっきりとは分かりませんが、アメリカでこの授業をとって、大国（ソ連やアメリカ）がどんな意図をもって世界を動かしているのかが少し理解できました。そして私が帰国後、国際情勢に関する本を読むようになったきっかけにもなった授業でした。

大学に入学してから自分なりに勉強したとはいえ、アメリカ人学生と比べると、本を読むのに三～五倍は時間がかかります。この一年の留学期間中は私の人生の中で一番勉強した時期だと言えます。夜遅くまで寮の部屋で論文を書き上げて、ルームメイトにチェックしてもらったり、辞書を引きながら教科書を読んだり、苦労することも多かったですが、思う存分英語の勉強もでき、本当に楽しい一年でした。

この留学の期間中はいろいろなことがありましたが、あえてひとつ挙げるとしたら、アジアの国々からやってきた留学生を通して、アジアに興味が持てるようになったことです。それまでの自分の考え方はアメリカ一辺倒だったのが、実際にアメリカに来てみて、他のアジアの国々からの留学生に出会ったことで、大きく自分の考え方が変わりました。

その時までは、日本人はアジアの人たちからはあまりよく思われていないんじゃないかと思っていたのですが、その留学生たちは分からないことが起こるたびに、私のところに相談に来るようになり、私は彼らに頼りにされるようになってしまいました。私の留学期間が終わり、いよいよ日本に帰るとなった際には、このアジア人留学生の人たちが私のためにお別れパーティを開いてくれました。アメリカを通じての交流でしたが、私の心は大きくアジアに傾くことになり、大学を卒業し教員になってからは、アジアの国々にも関心を持ち、アジアの国に出かけていくことも多くなりました。

COLUMN3　アメリカで出会ったユニークな人たち

ミネソタ州の大学で一年間、寮生活をすることになった私ですが、アメリカの寮というと、たいてい二人で一部屋を共有するということになります。私のルームメイトはトムという化学専攻の一年生でした。このトムとも、ミシガン州で出会ったジャックに劣らず、とてもいい友だちになれました。

勉強時間に関しては、私のほうがはるかに机に向かっていたのですが、成績はいつもトムにはかないませんでした。トムは高校時代は、ニューヨーク州の全寮制の高校に入ったそうですが、そこでは、宿題というものは一切出されたことはなかったそうです。彼は、大学を卒業してからは、マサチューセッツ工科大学の大学院に進み、現在はミネソタ州にあるマカレスター大学で、化学を教える教授です。まったく頭がいというのは、こういうものかと感心させられました。

また、トムのところによく遊びに来て、私と仲良くなったイランからの留学生、マックスともおもしろい出会いがありました。その当時のイランは、ホメイニ師のイスラム原理革命で国が荒れ、多くの優秀な人材が国外に逃げ出した時でした。マックスの親も、イランの将来を心配して、マックスをアメリカに送り出したのだそうです。マックスも非常に頭の切れる優秀な学生で、コンピューターのことは非常に詳しく、科学の話になると、私はトムとマックスの話にはついていけないほどでした。

しかし、このマックスは日本のことは何ひとつ知らず、ひとつひとつの質問が非常に無邪気なものでした。

「日本人はみんな空手を習ってるんだろう。君はこのテーブルぐらいなら、いつでも真っ二つに割ることができるんだろうね」

「とんでもない。空手を習っている人もいるけれど、みんなが習っているわけじゃないよ。体育の授業で柔道ぐらいは習うけど」

「じゃあ、ボクなんか、いつでも投げ飛ばせるってわけか。君は友だちなんだから、ボクを投げ飛ばさないでくれよ」

「……」

今から思い出しても、笑ってしまいそうな会話ですが、マックスには、異文化間の誤解がどんなものなのかを思い知らされました。その後、このマックスは、スタンフォード大学の大学院を出て、アメリカ人の女性と結婚し、アメリカ国籍を取得して、バージニア州で幸せな家庭を築いていました。私ともしばらく文通を続けていましたが、二〇〇一年の九・一一テロ以降、連絡が取れなくなりました。あのテロ以降、中東出身の人たちはかなりマークされたと思いますので、どこかに潜んで友人との連絡を絶ったのかもしれません。どこかで元気に暮らしていてくれることを願っています。

TESOLクラスで教育実習

大学に入って本格的に英語を勉強し始めたころから英語教育に興味を持ち始めた私は、留学先の大学で、教育学、言語学を中心に授業をとりました。教育学の授業をとると、その学期の間（三ヵ月間）、一週間に一日ずつ近くの学校に行き、教員のお手伝いをさせられました。日本で言う教育実習のようなものですが、テストや授業のお手伝いをしながら、その学校の状況を報告書にまとめ、それを提出して単位をもらうというものでした。

私は近くの小学校のＴＥＳＯＬクラスのお手伝いをしましたが、そのクラスは外国からアメリカに移住してきた生徒が普通学級に入るだけの英語力をつけるまで、英語を学ぶための補助クラスでした。一九八〇年代当時はベトナムからのボートピープルが話題になった時期であり、ミネソタ州はいち早くそのベトナム難民を受け入れた州でもありました。そのため、そのクラスにも、ベトナム人、カンボジア人などのアジア系の生徒がコロンビア人、ベネズエラ人など中南米の生徒に交じっていました。私自身はこのクラスで楽しく一学期間を過ごさせてもらいましたが、このクラスの担当教員からはＴＥＳＯＬクラスの問題点も教えてもらいました。

　このクラスの子どもたちは比較的早く英語を話すことはできるようになるそうです。むしろ親が英語を話せないことが多く、保護者会などでは子どもが通訳をしながら教員と面談することも多いと聞きました。しかしながら、英語の読解力と作文の力はなかなかつかないため、普通クラスに移ってから落ちこぼれてしまうことが多いと聞きました。

　日常会話ができ、買い物や友人とのコミュニケーションができるようになっても、新聞が読めなかったり、契約書などの必要書類が読めなかったりすると、大人になってからの社会生活に支障をきたします。アメリカの学校ではディスカッションしたり、意見を交わしたり、盛んに発言し合うことが重視されているように思われていますが、やはり学習の基本になるのは、資料を読みこなす読解力です。そして相手を説得するだけのきちっとした論理的な話し方ができるようになるために、スピーチの授業も重要視されているのだと感じました。

ＴＥＳＯＬクラスの先生も、まさにその点をとても心配していました。かなり話すことがうまくなって、レギュラークラスに編入していっても、落ちこぼれてまたこのクラスに戻ってきてしまう生徒も少なからずいるとのことでした。私が経験したのはずいぶん前のことですが、アメリカのＴＥＳＯＬクラスの問題点がそこにあるとすると、文科省の「オールイングリッシュ」でＴＥＳＯＬ式の授業をやれ、という指導はいったい日本の生徒に何を期待しているのでしょう。

また、私が政治学の授業にチャレンジした時、教科書も分厚かったですが、補助教材やら資料も膨大で、それを読みこなして理解するのはとても苦労しました。さらには「フォークランド紛争」についての小論文を書こうとすると、図書館に行って関連のある記事を雑誌や書籍から探し出し、それを八〜十ページの論文にまとめ上げなければなりません。大学のレベルになると、少しぐらい英語が話せるかどうかではなく、資料をしっかり読みこなせる読解力があり、きちっとした文章が書けることが評価されるのだということを実感しました。

Bilingual Education（二ヵ国語教育）

秋学期（第一学期）に小学校のＴＥＳＯＬクラスで「教育実習」を経験して、春学期（第二学期）は「Independence Study（個別研究）」というコースをとってみました。これは大学で開講されている授業以外で自分が取り組んでみたいテーマのある学生は、教授と相談して、週一、二回ずつ教授の指導を受けながら、そのテーマの勉強をして報告書を提出し、単位を認めてもらうというものでした。

私は「アメリカ、カナダでのバイリンガル・エジュケーション（二ヵ国語教育）」について勉強してみたいと、秋学期に教育学でお世話になった教授にお願いしました。図書館に通い、資料に目を通して、毎週報告書を提出しなければならなかったので、なかなか大変でしたが、留学生の私にとって、教授がマンツーマンで相談にのってくれて指導してくれるこのスタイルの講座はとてもありがたいものでした。

図書館に通い、教育関連の雑誌からバイリンガル・エジュケーションに関する論文に目を通し、使えそうなものをコピーしてきて、自分の報告書にまとめ上げていきました。私が当時読んだ論文は、アメリカにおけるヒスパニックの人たち（ラテン系アメリカ人で主にスペイン語圏の人が多い）に対する英語教育と、カナダにおけるフランス語と英語のバイリンガル・エジュケーションでした。当時からアメリカ国内に暮らす多くのヒスパニックの人たちに、いかに英語教育を施し、アメリカ社会に溶け込ませるかがアメリカの課題でした。

ＴＥＳＯＬクラスでは小学校からヒスパニックの人たちにも英語をしっかりと教え込むという方針でしたが、私が教育実習で見たクラスよりもさらに大きな問題点が指摘されていました。まずは小学校の早い時期から外国語を教え込むと母語との葛藤が起こり、心理的な不安を持たせてしまうことになり、外国語も母語も十分な学習ができなくなるというものでした。さらに、小学校教育の中でアメリカ社会の価値観を教え込まれるので、ヒスパニックの人たちがもつ文化や価値観が否定され、それが疎外感を生み出し、子どもたちが成長すると、自分たちの親やヒスパニックの文化に対して、否定的な考えをするようになってしまうということでした。（Theodore Anderson and Mildred Boyer)

それに対し、カナダでのフランス語と英語のバイリンガル教育においては、国の方針として、フランス語圏、英語圏の双方の文化を尊重しながら文化の学習と並行して言語教育も行うイマージョン・プログラムという形式で行われていました。フランス語圏と英語圏を一つの国にまとめておくという大義もあり、親の協力もあるため、比較的問題なく行われていたように思われます。(Iris C. Rotberg)

ただし、ケベック州独立の動きなどはいつの時代にも問題となっていました。また、スウェーデンでのフィンランドからの移民に対する語学教育においては、初めに母国語で教育を受けたほうがうまくいくという結果が出ていました（Sandra Fradd)。このように言語教育は、その国や民族のアイデンティティに関わる大事な要素であることが分かります。

文科省が小学校の早い段階から「英語教育」を導入しようとする意図は何なのでしょうか。インドやフィリピンなどの旧植民地だった地域のことを考えると、「英語を話せるエリート」と「英語はできない被支配層」に社会が分断されるような懸念が湧いてきます。まずは日本人としてしっかりした日本語を操れる能力と、日本文化を尊重し、日本人である誇りを持たせるような土台の上に、外国語に触れ、世界観を広げていくことが大切であるように思います。

もちろん、保護者の方が必要性や危険性を十分に認識した上で、私塾等で外国語に触れたり、学習したりすることに反対するつもりはまったくありません。しかしながら、日本人の小学生全員に、日本語教育がまだ不完全な時期から外国語である「英語」を押し付けることは、果たして必要なのでしょうか。国の方針として公教育の小学校段階では、日本語の読み書き（作文を含めて）にたっぷり時間をかけていただきたいと感じています。

改めて「コミュニケーション能力」とは？

「英語のコミュニケーション能力」をつけることが英語学習の目標なのでしょうか。そしてコミュニケーション能力は、授業で教員が英語をしゃべっていればつくものなのでしょうか。そもそも人と人がコミュニケーションをとるとはどういうことなのでしょうか。今から思い出しても、私がまったく英語が話せないまま最初にアメリカのミシガン州でホームステイした時、私はホストファミリーの人たちと最低限の「コミュニケーションはとれていた」のではないかと感じています。

アメリカという国にあこがれて、アメリカに行ってしまった私は、ホストファミリーと出会って初めて言葉の障害を実感しました。日本から高校生がやってきたということで、彼らはいろいろ聞きたいことだらけ、なのに、英語が苦手だった私には、彼らの話す英語はさっぱり分かりませんでした。こうなると辞書だけが頼りです。私の持ってきた辞書と彼らの持っていた辞書をつき合わせて、暗号解読のような会話が始まりました。

しかしながら、必要最小限のことはなんとかなるものです。最初の夕食の時、今では日本でも珍しくないですが、ケンタッキーフライドチキンが、どーんとテーブルに出されました。私はアメリカの食事はフォークとナイフを使うものだと思い込んでいましたので、チキンと格闘していると、隣に座ったお父さんのマリオンが声をかけてくれました。「……hand.」と言って、大きな手で、チキンをつかんでみせてくれました。これで手を使って食べてもいいと言ってくれたことは分かります。シャワーを浴びて、バスルームから出てくると、またまた「……door open.」。なるほど、人が入っていない時は、ドアは開けておくのか、といった具合です。

最初は、自分の身の回りで起こることすべてが珍しくて、説明してもらっても、ちっともその英語が理解できなかったわけですが、三、四日経つと、完全に家族の一員という気分になります。ホストファミリーの生活パターンが分かり、相手の言うことがなんとなく分かってくるから不思議です。それでも私の場合、肝心なことは何ひとつ理解できていませんでした。

「Do you like to go ……?（……に行きたい？）」までは分かるのですが、いったいどこに連れて行ってくれるのかは分かりませんでした。でも、そんな時は、たいがい「yes」と答えておきました。それが単なる買い物だったり、農場の見回りだったり、または友人の家への訪問だったり、退屈なこともありましたが、いろいろな人たちに会う度に私を紹介してくれるので、町じゅうの人たちと知り合いになれました。時にはブタ小屋に連れて行かれ、臭くて死にそうだったこともありました。しかし、町のあっちこっちに連れて行かれたおかげで、町の様子がよく分かりましたし、このモレンシーという町は人口八千人の小さな町でしたので、町じゅうの人たちと顔見知りになることができました。

文科省の指針として、小学校から高校までの膨大な時間を費やして英語を教え込み、どの程度の「英語コミュニケーション能力」を期待しているのでしょうか。日常生活の中の食事だとか買い物だとかの場面での英会話の場合は、「コミュニケーション能力」というよりも、その場面で使われそうな英語表現を知っているかどうかのほうが有効です。

例えば、私が初めてハワイに行った時、ファストフード店のカウンターで「Here, or to go?（店内で食べるか、持ち帰るか）」と突然言われた時、何を聞かれたのか分からず、二回も聞き返してしまったことを覚えています。すると、三回目に店員さんが、「Do you want to eat here, or take it out?」と言ってくれて理解できました。またピザ店に行った時、ピザをたらふく食べたいと思ったのですが、「All-you-can-eat（食べ放題）」という表現を知らなかったために、知っている単語を並べて「shrimp pizza（エビ・ピザ）」を持ち帰ることになったこともありました。

大学卒業後、アジアの国の第一歩として、一番日本から近い韓国に行ってみることにしました。幸い、日本で出会ったソウルの青年がいたこと、また、大学時代に知り合ったアメリカ人の友人が釜山で英語を教えていたので、現地でもいろいろと案内してもらいました。距離も近く、時間のない時でもすぐに出かけられる国なので、その後、何回か行くことになりました。

三、四回行ってみると、やはり現地では英語よりも韓国語で話したほうがいいことが分かり、韓国語の学習に挑戦しました。私の場合は、韓国で生活するわけでも、留学するわけでもありませんので、簡単な日常会話と、都会から田舎に出るとハングルの表示しかないところもあるので、ハングルが読めるようになることが目標でした。

私がやったのは、まず旅行を設定して、飛行機を予約したら、その旅行の一ヵ月前から旅行の日まで集中して会話表現を覚え、レストランで注文しそうなメニューや駅名をハングルで読めるように練習しました。そして旅行中はできるだけその覚えた表現を使って、買い物や食事をしました。その一ヵ月の集中レッスンを三回ほど繰り返すと、普通の観光旅行で使うような会話表現はほとんど使えるようになりました。

語学学習は学習時に必要性を感じ、モチベーションがあり、短期集中型で、すぐに実践で使ってみるチャンスがあることが大切であることが実感できました。その条件がそろっていれば、三ヵ月から半年も会話トレーニングをすれば、だれでも旅行会話程度ならできると思います。また仕事で海外に行く場合でも、例えばトヨタやデンソーの海外出張社員の場合、英語がよくできる人が自動車の知識を学ぶのではなく、十分に自動車の知識がある人が数ヵ月間英語を訓練して、海外出張に出ることのほうが多いと聞いています。

私の叔父は自動車部品メーカーのサービス部で、五年ずつ三ヵ国、合計十五年を海外で過ごした人ですが、工業高校を卒業してこのメーカーに入社し、最初は英語はまったくできませんでした。むしろ私と同様、英語が苦手だったために工業高校を選んだという人でした。しかしながら、一人で車を組み立てることができるほど、車に関する知識は豊富で、その知識を活かして、アメリカ、タイ、オランダで活躍しました。

COLUMN4　韓国の家族と知り合う

私が高校の教員になったばかりのころ、名古屋の隣の長久手市に国際研修センターという施設がありました。ここは日本の企業などに派遣されてくる外国の人たちに三ヵ月から半年間、日本語の研修を行うというところでした。普段はそこで宿泊するのですが、日本の家庭での体験を希望する人に週末のみ、「ホームビジット」という形で日本の家庭の雰囲気を味わってもらうという企画がありました。その受け入れ家庭の募集があったので、少し遠いけれども、と応募したら、韓国のソウルに住む青年が我が家に来てくれました。

その韓国人の青年はとても誠実そうな人で、すぐに仲良くなり、彼は韓国の家にも来てほしいと招待してくれました。彼が帰国して、しばらく手紙のやり取りをした後、三月の春休みを使って、彼のソウルの家庭を訪問させてもらいました。彼のお父さんは戦時中（日本統治下で）、日本の建設会社でとてもよくしてもらったと話してくれました。お父さんは、もしその建設会社の社長がご存命なら、訪ねて行ってお礼を言いたいと言いました。その翌年、お父さんと奥さんはお孫さんを連れて我が家を訪ねてくれ、その足で東京のその建設会社の社長に会いに行かれました。

私は韓国に何度も足を運び、多くの韓国の人たちは日本に好意を持っているけれど、そのことを公の場では言えないことが分かりました。その後、「慰安婦問題」が過熱してからは、私は韓国には行っていません。しかし、韓国の人たちが日本と韓国の関係をどう思っているのだろうかと思います。アメリカで多くのアジア人留学生に出会ったこと、そして韓国に行っていろいろな人と話をしたことで、あの戦争は一体何だったんだろう、本当は何が起きていたんだろうということに大きな疑問が湧きました。そして私が歴史にのめり込み、生涯の研究課題ができるきっかけとなりました。

第三章　生徒たちのコミュニケーション能力

では次に、私が関わった姉妹校交流という行事で、私と同様、中学校時代に英語は得意でなかった工業高校の生徒たちが、いかにアメリカの生徒たちと英語でコミュニケーションをとったかを見てみましょう。

私と工業高校での姉妹校交流活動との関わり

私が教員になって二校目の勤務校は、工業高校でしたが、当時の校長のアイデアで、アメリカの高校と姉妹校交流を始めたばかりでした。これはこの高校の創立二十周年記念行事として始めたもので、お互いの学校に数名ずつ生徒を派遣して、交流を深めていくというものでした。当時、この工業高校には英語の正規教員が三人しかいなかったこともあり、私が赴任するなり、この姉妹校交流を全面的に任されることになりました。

当時のこの工業高校はまだまだ落ち着きがない生徒が多い学校でした。しかしながら、私自身の経験から、実業高校の生徒たちは机上で考えるよりも、実体験で体当たりして感じとるほうが得意であり、自分に自信のない子たちが外の世界を見てみるという経験は、その生徒の考え方や物の見方に何らかの変化をもたらすだろう、という確信がありました。

この工業高校は機械科、電子工学科、建築科、環境工学科の四科のコースがあり、第一回の姉妹校訪問はそれぞれの科から代表生徒が一名ずつ選ばれ、春休みの一週間を使って、アメリカ、ワシントン州にある姉妹校を訪問しました。そしてその年の四月に私がこの学校に赴任し、十一月にアメリカから第一回目のアメリカ人学生の受け入れ、そして三月に第二回目の姉妹校訪問を予定していることを聞きました。

そこで、十一月のアメリカ人生徒の受け入れについては、三月に引率でアメリカに行ってきた先生におおよその計画をお願いし、私のほうで三月に姉妹校訪問をする生徒の選考と、その生徒の事前準備、そして訪問計画を考えるということになりました。それ以降、毎年五、六名の生徒が選抜され、一週間から十日程度、姉妹校訪問を体験することとなりました。全校から選抜された生徒とは言っても、当時の工業高校に入ってくる生徒で、英語が得意な生徒はほとんどいませんでした。

当時からＡＥＴ（Assistant English Teacher 英語指導助手）として外国人講師が週一回程度各学校を訪問して、授業のお手伝いをしてくれていました。そこで、姉妹校訪問が始まってから、このＡＥＴの先生に英会話の指導をしてもらうことになりました。アメリカに行く前に実際に外国人と話ができるので、週一回ずつ、ほんの数ヵ月の会話レッスンでしたが、とても効果的でした。

それでも、アメリカの学校に到着し、ホストファミリーに連れて行かれる日本人生徒は顔が引きつっていました。「もう先生はついてきてくれないの」と悲痛な声を上げて、引率教員と別れてホストファミリーの家に向かっていきます。しかし、ほんの一、二日もすると、ホストの生徒や家族とうまくコミュニケーションをとってアメリカでの生活を楽しんできます。

せっかくアメリカまで行くからということで、一週間の姉妹校でのホームステイだけでなく、アメリカのいわゆる観光地に寄って、アメリカでの滞在を楽しんで日本に帰ってくる計画をしました。しかしながら、生徒たちの反応は、「そんな観光地は寄らなくてもいいから、もっとホストファミリーと一緒にいたかった」というものが大半でした。

姉妹校交流の成果（生徒たちの感想）

では、私が関わった生徒たちのホームステイでの感想のコメントを抜粋してみます。

まずは最初に私が引率した男子生徒ですが、この子は部活動が忙しくて、英会話の事前指導にあまり参加できなかったため、少々心配していた生徒です。

「ホームステイを難しいもんだと思っていたら、意外と簡単でした。確かに最初は、言葉が違うということで、自分もビクついていました。だけど、慣れてしまえば、やっぱり同じ人間なんだなあと思いました。一日目で相手が何を言いたいのか、何を言おうとしているかぐらいはなんとなく分かってきました。

同じ人間なんだから、ビクついていても仕方がないと思って、ひらきなおってみると、結構自分の言いたいことが口から出てくるので、自信がつきました。後から考えてみると、言葉が分からないのは当然なんだから、ビクついて何を言っていいのか分からない、と思っていた自分がバカだったなあと思いました。それと外国人と話す時は、積極的に自分から話をしていかないとおもしろくないと思いました」

異文化、異国の生活への適応力というのは、成績や、まして英語力だけで測れるものではない、ということを顕著に示してくれた例となりました。当時の工業高校は英語の正規教員が三人しかいませんでしたので、私は担当として毎年のように引率でアメリカ訪問についていきましたが、たった一週間のホームステイで生徒たちが涙が出るほど感動し、大きく成長してくれるのを見るのが、毎年楽しみでした。

二回目の訪問でも、生徒はステキなコメントを書いてくれました。

「ボクはアメリカに行って、生まれて初めてすばらしい感動をし、忘れることのできない思い出ができました。思い出が良すぎて、楽しい家族とのひと時やいっしょに過ごしてきた日々は、今となっては、忘れることのできないボクの宝物のひとつです。最後にホストファミリーの皆さんへ。お父さんとお母さん、ボクのためにプランをたくさん考え、色々と親切にしてくださって感謝しています。ジョン、カタコトの英語しか話せないボクに分かりやすい英語で話しかけてくれてうれしかったです。ジェイムス、また自転車に乗って色んな所に遊びに行こう。ジュリー、空港で流した涙のことが思い出に変わらないうちに、きっとまた会いに行くからね」

「来年エドモンズ（ワシントン州）に行く子たちへ。今すぐに毎日英語会話の練習をした方がいいと思います。今年本校に来るエドモンズの子たちと、手紙のやりとりをしておくのもいいのではないかと思います。アメリカに行ったら、感じたことや思ったことを、すぐにメモっておくといいと思います。エドモンズの派遣生に選んでくださって本当にありがとうございました。おかげで人生観が変わった気がします。一緒にエドモンズに行った生徒全員がいい人ばかりだったし、みんなが本当に私に良くしてくれました。私だけがこう思うのかもしれないけれど、信頼できる仲間が新しく四人できた気がします。またこの五人で集まりたいと思います、卒業してからもずっと。本当にありがとうございました」

　何度も繰り返しますが、この生徒たちのコメントだけを読んでいると、日本人の生徒たちはさぞホストファミリーの人たちと上手に英語をしゃべっていたんだろうな、と思ってしまいますが、とんでもありません。姉妹校への派遣生として選抜されてから、英会話レッスンで、ＡＥＴの先生に話しかけられた時はみんな初めは固まってしまって口から英語は出てきません。しかし、彼らは心を開くのが早く、「コミュニケーション能力は高い」と感じます。英語はできないのに、英語圏の人たちと「しゃべって」、仲良くなって、精いっぱいホームステイを楽しんできます。

こうしてアメリカで感動して日本に戻ってきた生徒たちは、ほとんどの子たちが生徒会に立候補してくれました。アメリカの高校での生徒会活動に触れ、今度は自分たちの日本の学校も、アメリカと同じとまではいかなくても、もっと自分たちで何かがやりたいと思ってくれたようです。そして卒業してからも、同窓会の行事を積極的に手伝ってくれたり、自分たちの住んでいる市の国際交流活動に協力したりと、積極的に人の輪の中に入っていってくれるようになりました。

また、姉妹校訪問で刺激を受け、いろいろなものに対してチャレンジ精神が旺盛になっていた子たちに、英語弁論大会の案内を見せると、その年の三月に姉妹校訪問した生徒全員がチャレンジしたいと言ってきました。もちろん、一週間ばかりアメリカに行ったからといって、突然、英語が書けるようにはなりませんので、スピーチの構成については、私がかなり手を入れて、原稿を仕上げました。しかしながら、それまでまったく英語に自信のなかった生徒が人前で英語のスピーチを披露するという経験は、自信につながったと思います。

アメリカ人生徒たちと日本人ホストファミリーの反応

一方で、アメリカの姉妹校の生徒たちには十一月の連休あたりの一週間から十日間の日程で日本に来てもらいました。原則として、三月にアメリカに派遣された生徒がアメリカ人学生を受け入れることになっていましたが、そのうちの一泊は次の年に派遣される生徒の家にも泊まってもらうことにしました。そうすると、その生徒たちがアメリカに行った時、知っているアメリカ人生徒がいて心強いし、日本に来た生徒が、そのままホスト役を引き受けてくれることも多かったです。

アメリカ人の生徒たちには平日の一、二日は学校で体育やら実習、英語の授業を中心に生徒と活動してもらい、一日は同窓会の人たちの案内で、地元の企業を見学してもらいました。休日はホストファミリーにお任せで、そして我々日本人教員の引率で二泊三日の京都・奈良旅行をする、というのがほぼお決まりの受け入れ日程でした。アメリカ人の生徒はこの日本訪問の費用をほぼ自分のアルバイトで稼ぎだしてきているので、京都まで新幹線を使わずJR在来線を使い、奈良から名古屋までは近鉄を利用しました。

アメリカの生徒たちは京都の古い街並みや、知恩院、平安神宮といったきれいな建物にも興味を示してくれ、楽しんでくれましたが、やはりアメリカの人たちが感動するのはスケールの大きなもののようです。奈良駅周辺でお昼ご飯を食べた後、奈良公園のシカにあいさつしながら、東大寺へと向かいました。だんだんと近づくごとにその大きさを実感できる、この大仏と大仏殿には大喜びでした。

アメリカ人生徒の感想です。

「将来、たとえ記憶喪失になっても、あの大仏だけは忘れない」

「ボクの一番気に入ったお寺は、奈良の大仏殿です。あの建物の巨大さには圧倒されました」

「あの巨大な大仏殿が何世紀も前に木で造られ、それが数回建て直されたとはいえ、今も建ち続けているのはすばらしいと思います。日本の人たちはこの偉業を誇りに思っていると思います。また、大仏殿の中の大仏にも圧倒されました」

この年のアメリカ人生徒の日本での最後の夜は、日本人ホストの生徒が、アメリカ人生徒とホストの生徒を全員カラオケに誘い、生徒だけのお別れ会を楽しんだそうです。アメリカからやってきた五名も、アメリカにいる時はまったくお互いに知らなかった者同士ですし、日本人のホスト生徒も二年生と三年生が入り交じっていました。そんな仲間が、このホームステイを通じて、言葉や学年の壁を越え、ひとつにまとまっていくのは、この交流活動の大きな成果だと思います。一人のアメリカ人生徒の感想です。

「この日のカラオケはメチャクチャ楽しかった。こんなに楽しかったのは生まれて初めてって感じでした。この日だけでもフィルム一本使ってしまいました」

アメリカ人生徒を受け入れた日本人ホストファミリーにも、こんな感動が生まれました。

「今回のジョンの受け入れで、家中が国際化しました。英語が話せない両親もジョンと英語を話していました。受け入れはとても疲れたけれど、それ以上にいい経験ができたと思います。日本人もアメリカ人も言葉は違うけれど、ジョンもボクも同じことをやって、同じように楽しみました。ジョンを受け入れたボクは、ジョンと同じくらい楽しい生活をしたと思います」

「ボクが交換派遣生に選ばれて、アメリカに行く時、正直言ってしまうと、もちろんホームステイも楽しみだったけれど、それ以上に、ロサンゼルスのユニバーサル・スタジオの方が楽しみでした。ボクはホストとして、受け入れをした今になって思うと、アメリカでボクを受け入れてくれたホストの人たちに申し訳ない気持ちでいっぱいです。この気持ちは、ボクがアマンダを家に泊めた時に気づきました。ボクは、今度はもっと英語を話せるようになって、必ずもう一度、アメリカに行きたいと思います」

この生徒はその後、実際にアルバイトでお金を貯めて、もう一度アメリカに行くことになりました。

次は、一生懸命アルバイトでお金を貯めて日本に来てくれたアメリカ人の生徒のコメントです。

「日本はとてもきれいな国です。その美しさはボクの想像以上でした。この日本訪問は本当に楽しかったです。いつかまた日本に来たいと思っています。伝統的な日本の芸術品、例えば、武士の刀、よろいやかぶと、盆栽や瓦など、どれもすばらしいと思います。また、日本の景観も見事でした。その中でも特にすばらしかったのは、日本の人たちです。とても親切で、正直で、すばらしい人たちでした」

もともと日本に興味があるからこの姉妹校交流活動に参加してくれたのだと思いますが、日本人の生徒以上に日本の文化に興味を持ってくれ、評価してくれているのは驚きです。こういう子たちが実際に日本を訪問して、感動したことを帰ってから広めてくれることが国際理解につながっていくと思います。

もう一人、アメリカ人生徒の感想を紹介します。

「この日本訪問の中で一番印象に残っているのは、私たちを受け入れてくれたこの学校です。生徒の人たちがみんなで私たちを歓迎してくれたことをとても感謝していますす。先生方にもとても親切にしてもらいました。私は、この学校の校舎や生徒や先生方のことは忘れることができません」

一生懸命受け入れの計画を立てて、無事に受け入れを終えた側としては、こういうコメントが一番うれしいですね。

そしてアメリカの訪問団が帰国してしばらくすると、アメリカの姉妹校の校長から手紙が届きました。

「私たちは無事にエドモンズに戻りました。こちらに戻った時は、とても疲れていましたが、貴校や日本に行くことができた喜びでいっぱいでした。ホストの皆さんのお陰で、私たちが日本で体験できたことすべてに感謝しています。また、我々の訪問のために、すばらしい計画を立てていただいて、大変ありがとうございました。貴校の先生方やホストの皆さんによろしくお伝えください。私たちは、三月の貴校からのエドモンズ訪問を楽しみにしています。一月になりましたら、私たちの受け入れ計画をファクスでお知らせします」

一九九〇年代のこの当時はまだ電子メールは始まったばかりで、学校同士は手紙やファクスでやりとりをしていました。ごくたまに緊急の用件がある時は国際電話をかけることもありましたが、電話はそれほど使っていませんでした。現在、インターネットやメール、ＳＮＳが伝達手段の主流となりましたが、そんな時代になぜ、「英会話力」「英語コミュニケーション能力」が重要視されるのでしょうか。たしかに工業高校の生徒たちが就職する際、「日本語コミュニケーション能力」については、上司や同僚たちとのコミュニケーションは最も大事な部分ですので当然重要視されるのですが、日本で日本の企業に就職していく際に、「英語コミュニケーション能力」が必要と感じたことは一度もありません。

また、三月にエドモンズを訪れた時には、アメリカの姉妹校の校長からこんな言葉をいただきました。

「この姉妹校交流プログラムを始める前は、本校の日本語クラスは一クラス（二十五名）だけでしたが、第一回の交流が終わると、日本語クラスは二クラスになり、第二回目の後には三クラスに膨れあがり、日本に興味を持つ生徒が増えています」

アメリカの高校では、外国語は必修科目ではなく選択科目で、しかも主なものはほとんどヨーロッパの言語であるスペイン語、フランス語、ドイツ語などですが、この高校では、アジア系の生徒が多いということで、かろうじて中国語と日本語があります。日本との貿易拡大に伴って、日本語の必要性が大きくなっているのも一因ですが、この姉妹校交流が始まったのと同時に、日本語クラスが拡大してくれるのは、こちらとしてもうれしいことです。

ある年、夏休みが終わって二学期が始まったころ、三月に姉妹校訪問をした生徒とその前年に派遣生だった生徒が私のところへやってきて、冬休みに自分たちだけでアメリカのホストファミリーのところに行きたいと言い出しました。夏休み、ずいぶんがんばってアルバイトをしたのだろうと思います。この二名はクリスマスを含む冬休みを目いっぱい、アメリカで楽しんで帰ってきました。その後、卒業してからも、もう一名増えて、三名が給料を貯めて、ホストファミリーとの再会を楽しみにアメリカに出かけていきました。また、一名は一旦就職をしてお金を貯めると、仕事を辞めてアメリカの専門学校に飛び出していきました。

このような生徒たちを見ていると、昔の自分を思い出してとても楽しいものです。そして人と人が直接触れ合って交流した場合、「言語運用能力」で測れないほどの

「コミュニケーション能力」が発揮されます。生徒たちをアメリカに連れて行って起こった化学反応を見ていると、今、文科省が進めようとしている「タブレット」や「パソコン」を使った授業も、英語教育においてはどこまで有効なのだろうか、と疑念が湧いてきます。

普段の授業について言えば、私自身は何もほめられるようなことはできませんでした。正直、工業高校に赴任して最初の一年間は結構やんちゃな生徒を相手にどうやって授業を進めたらいいか、悩んだりもしました。しかし、姉妹校交流が進むにつれて、日本とアメリカの高校の違いから始まって、本校生徒の失敗談や誤解したこと、アメリカだけでなくアジアの国やヨーロッパの国のことなどに話を広げて、クイズ形式で知識を広げていくと、結構生徒たちは盛り上がってくれました。本来の英語は最初の二十〜三十分ぐらいでさっと説明して、残りは社会科のような授業だったと思いますが、今となっては楽しい思い出です。

今、実業高校で英語を教えていて、文科省の指導に疑問を感じている先生がいたら、現場からもっと声を上げて、議論してみるとよいと思います。また、やってみて生徒が引き込まれるような実践例があったら、どんどん発信するとよいと思います。現在はＳＮＳも使い勝手がいいので、そういう先生方で連絡を取り合えるようなシステムができるといいですね。

日本は独裁国家ではありませんので、上からの指示が絶対ということはありません。さまざまな意見をどんどんぶつけ合って、現場に合った教え方を工夫すべきだと思います。大学を目指す進学校と、卒業したら社会人になる生徒の多い実業高校と同じ授業でいいはずはありません。県教育委員会や文科省はそのような新しいアイデアを出してくる先生方の意見を吸い上げて、検討するようなシステムを作ってもらうとよいですね。

COLUMN5 アメリカの高校について

日本の高校とアメリカの高校の一番大きな違いは、アメリカでは、高校までが義務教育ということです。そこで、その学校の通学地域の生徒が集まってきますので、日本の中学校と同様、地域差はありますが、さまざまなレベルの生徒が集まってきています。私たちがお世話になった高校の学区の生徒たちは、三分の一が車で通学していますが、その他の大半の生徒たちはスクール・バスを利用しています。市が所有するスクール・バスを小学校、中学校、高校が共有するため、まず高校生が朝一番早くスクール・バスに乗せられ、七時半までに登校します。そして一時間後に中学生、さらに一時間後に小学生が同じ学区のスクール・バスに乗せられます。帰りは、高校生の場合、午後二時半にスクール・バスに乗り込み下校となります。

授業のほうは単位制で、教員の方がそれぞれ一つずつ教室を構えていて、生徒がそれぞれの授業ごとに教室を移動していく方式です。そのため、教室はそれぞれの先生方で色々工夫がされています。壁に資料がびっしり貼ってあったり、教室の真ん中にコンピューターが置いてあったりします。日本の場合も、もう少し生徒が減って、教室に余裕ができると、こういうことが可能になるのかも……それとも、経費節減で、我々教員のほうがクビになるのが早いのかも……。

また、ホームルームや担任といったものはなく、生徒一人ひとりの成績の管理から、次の学期の授業のとり方や、進路などについての相談は、専門の教育カウンセラーの仕事になっています。日本では、担任の先生がいて、その先生が一切すべての面倒を見ると言ったら、アメリカの高校の先生から、「生徒と担任の先生の気が合わなかったらどうするのですか」と、質問されてしまいました。

生徒の生活指導のほうも、もちろん教員ではなく、生徒指導員（Dean）という人たちが担当します。日本では生徒指導部長、副部長と呼ばれている役にあたるのが、このDean（ディーン）と呼ばれている人たちで、この高校には二名いました。そして、それぞれのディーンに、体のごっつい補佐（アシスタント）が二、三名いて、この人たちが学校の中を巡回し、問題行動を見つけた時は、ディーンに連絡し、問題に対処します。体は大きくて怖そうですが、とても優しい人たちで、生徒にもよく話しかけていました。

また、ディーンには秘書がいて、この秘書たちが、コンピューターを使って、各先生から届けられる生徒の授業出席状況、遅刻の回数などをチェックします。そして問題があれば、保護者用の文書を作成し、保護者に連絡をするようにしています。さらに、school police（学校担当警官）が配属されていて、この人もマウンテン・バイクで、校内を巡視しています。授業として社会見学などで、生徒が校外に出る時は、この警官が一緒についていくのだそうです。

第四章　英語学習について思うこと

私は自身の経験から、文科省の「学習指導要領」はおかしいと感じましたが、同時に、専門家の人たちがどんな意見を述べているか、何冊か本をあたってみました。名もない退職した昭和世代の平教員だった私の意見だけではとても説得力がありませんので、この章では、私の意見とともに、英語教育者の方々の意見を著書から抜粋して紹介してみたいと思います。

私の英語教育に対する考え

世界に貢献できる日本人をつくっていくためには、日本人として誇りを持ち、日本の伝統や日本人の持つ価値観を大切にするよう、家庭や学校で教育していくことが必要となります。そのための土台として、まず日本語教育をしっかりやり、日本語を十分に定着させることが重要となるはずです。

現代のようなメールやインターネットの時代に、口頭でのコミュニケーション能力は本当に役に立つ技能なのでしょうか。文科省は何を根拠に日本人全員が英語のコミュニケーション能力をつけなければならないと言っているのでしょうか。なぜコミュニケーション能力をつけるためには、オールイングリッシュの環境で学習するのが一番だと言うのでしょうか。小学校から英語を教えれば本当に英語ができる日本人が増えるのでしょうか。そもそも日本で暮らす日本人にそれほど英語のコミュニケーション能力は必要な資質なのでしょうか。文科省は現場の教員や国民にこれらのことをまったく説明していません。

他の国々が小学校から英語教育をしているからといって、日本でも小学校から英語教育を導入する必要があるのでしょうか。その効果はどれほど期待できるのでしょうか。英語教育が日本語教育に悪影響を与えないのか、十分に検証されているとは言えません。英語を導入するなら、年齢の低いうちに導入したほうが効果があるだろう、外国もやっているから日本も負けないようにやるべきだ、という安易な考えから文科省が動かされているように思えてなりません。外国語学習は十分に母語の読解力を身に付けてから行うほうが効果的である、ということは鳥飼玖美子氏、斎藤兆史氏など、著名な英語教育者がそれぞれの著書の中で述べておられ、また私自身の経験からもそのことを強く感じています。

外国語の学習は、読み書きが基本であること、短期集中型で学習するほうが効果的であることは、常識であったはずです。また、言語学習は母語と外国語との比較により理解が進むものと考えます。小学校から外国語を学習していなくても、外国語を学ぼうというモチベーションが十分にできた時に集中的に学習すれば、十分に世界で通用するコミュニケーション能力はつくはずです。それよりも外国語教育を重視するあまり、小学校レベルでの日本語教育をおろそかにしてしまう危険のほうが大きいと思われます。外国語教育は安易に導入すると、国の文化や伝統までも揺らぐことになってしまいかねません。

日本の義務教育の社会科目について考えてみると、小学校の四年生ごろに郷土の歴史や郷土の偉人を学び、その地域の所属意識を持たせる教育を行います。そして五年生になり、県や地方の歴史、そして六年生までに日本の歴史、日本人としての意識を持たせるような授業を行い、中学校から世界と日本の関係などを勉強していきます。その流れを見ても、中学校で世界の中の日本を意識させながら、英語教育（外国語教育）を導入しているのは自然な流れであると思われます。

さらに、日本語の特徴として、ひらがな、カタカナ、漢字、そしてローマ字と四種類も文字があります。四種類も文字をもつ言語は珍しいし、それぞれの種類の文字の使い方を学ぶことにも時間がかかりますが、特に見るだけで意味の分かる漢字をしっかりと身に付けるのに時間をかけておく必要があると思います。小学校の四年生から五年生は最も多くの漢字を覚える時期であり、その時期に言語体系のまったく違う英語を導入して混乱はないものか非常に懸念されます。この小学校高学年の三年間は、漢字を覚えるとともに、日本語の本をたくさん読ませたい時期でもあります。さらには日本語の文章を書く練習、つまり作文も大いに練習しておくべき時期であると思います。文章を書いて、自分の意見を述べる楽しさをこの時期に養っておく必要があるのではないかと思っています。

外国語の能力は母語の能力を超えて習得できるということはありません。この時期に漢字をしっかり覚え、日本語の文章を読んだり書いたりする能力が十分についた生徒は、中学校に行ってから、それなりに勉強しさえすれば、英語はさほど苦労せずに理解できるようになると思います。また、小学校のうちに漢字を覚えるという作業は、後に英語の単語を覚える作業をするのにも大いに役に立つことになります。

日本語を単純に英語またはほかの外国語に変換する作業は、翻訳機械の性能の向上で、非常に進んでいます。日常会話、病院に行った時の会話、書類申請の時の会話程度であれば、自動翻訳機を使えば、英語のみならず何十ヵ国語以上にも翻訳してくれます。英語を発話する能力よりも何を発信するか、の内容のほうが重視される時代に入っていると思います。単純な英語の運用能力ではなく、日本語で内容のあるメッセージを発信できる能力のほうが必要となってきているのではないかと思います。小学校まではしっかりと日本語の読み書きを学び、その後、大学まで日本語の本をしっかり読んで、さまざまな分野の知識を身に付けてもらいたいと願っています。

では、私の考えを補足してくれる英語教育の専門家の方々の意見を、その著書より抜粋して紹介します。

「小学校英語は必要ない」
永井忠孝氏『英語の害毒』より

まず、永井忠孝氏（青学大准教授）は著書『英語の害毒』（新潮社）の中で、小学校での英語は必要ない、とハッキリ主張しています。

小学校の英語必修化について、

背景にあるのは、言葉は小さいうちに覚えた方がいい、という発想だ。（中略）言語を自然に身につけるためには、その言語に一日中触れ続けるということを何年も続けないといけない。たかだか週一、二時間か三、四時間かけたところで、小学五年生から始めようが三年生から始めようが、身につくものではない。それに、（中略）日本の社会で英語の必要性はたいして高くないのだから、全員が英語ができるようになる必要がそもそもない。全員が小学校から英語を学ぶのは、時間と費用と努力が無駄になるだけだ。（『英語の害毒』より）

と述べ、さらに永井氏は、一口に英語（外国語）運用能力と言っても、種類があり、その区別が分かっていないと、期待した成果は出ないどころか、害になることすらあると言っています。

言語能力には「会話言語能力」と「学習言語能力」の二つの区分があります。会話言語能力とは、あいさつや買い物など日常会話ができる能力であり、一方、学習言語能力は、高度に抽象的な内容を理解、伝達できる能力で、いわゆる新聞を読んだり、社会問題や政治問題を議論することのできる能力であると言えます。

また、「会話言語＝話しことば、学習言語＝書きことば」というわけではないとも述べています。話しことばであっても、演説や学術的な議論では学習言語が使われるし、書きことばであっても、メールやチャットアプリでは話しことばが使われることが多いと思います。おおざっぱな概念として、中学校の授業以上の内容を理解する言語能力が、学習言語能力であると言えると思います。そして、中学校以上の授業内容の理解は、当然、個人の学習の取り組み方によって大きく差ができます。同様に、学習言語能力にも個人差が出てきます。

そして、バイリンガル（二ヵ国語話者）にも種類があり、小さいころから外国語を学べばだれでも母語と外国語を自由に操れるようになるわけではない、と注意を促しています。永井氏の同著書よりその内容を要約すると、バイリンガルは、学習言語能力の程度に応じて、プロフィシェント・バイリンガル、パーシャル・バイリンガル、セミリンガル（リミテッド・バイリンガル）の大きく三つに分類でき、プロフィシェント・バイリンガルは、母語と外国語の両方とも学習言語能力がついている者、パーシャル・バイリンガルは、母語の学習言語能力はあるが、外国語は会話言語能力しかついていない者、そしてセミリンガルは、母語も外国語も会話言語能力しかなく、母語でも学習言語能力がついていない者だということです。

中学校の授業の理解度を基準にしてもらえば、高校、大学の内容まで理解のできるプロフィシェント・バイリンガルになるのは、かなり個人的な努力（学習）が必要であることは分かると思います。例えば英語と日本語の両方の言語で新聞を読んで理解できるようになる人はかなり少ないと言えます。実際には、パーシャル・バイリンガルと言われる人が多く、英語でも日本語でも話すのはペラペラに聞こえるが、高校以上の高度な内容はどちらかの言語しか対応できないことが多いのが現実です。

私が関わってきた生徒で、長く海外に滞在していて、日本の高校に編入してくる生徒の中には、英語はかなりできるのに、日本語の国語力がなくて、国語だけでなく社会の歴史や公民で苦労する生徒がいました。また、教科書を音読させると非常に上手な発音で読むのに、受験レベルの英語長文読解問題は苦手という生徒もいました。

しかし、せっかく海外経験をしたのに、セミリンガルになってしまう生徒もいる、と永井氏は指摘しています。


それでも、パーシャル・バイリンガルになれればもうけものだ。悲惨なのは（中略）セミリンガルだ。（中略）どちらの言語でも日常会話は問題ないが、どちらの言語でも大人が読むような本を読んだり、論理的に高度な議論をしたりすることができない。インターナショナルスクール出身者の中には、大学生なのに小学校低学年のような日本語しか話せないというように、会話言語能力さえおぼつかない者もいる。これでは、どちらの言語圏でも、高収入の知的な職業にはつけない。アメリカにいる日本の子供のうち、なんと五〜一〇%はセミリンガルだという（佐藤郡衛・

片岡裕子編著『アメリカで育つ日本の子どもたち』）。（『英語の害毒』より）
私が関わった生徒の中にも、帰国子女で何年も海外で暮らしてきたはずなのに、英語もそれほどできず、国語（日本語）も学力がないため、退学してしまった生徒もいました。

「帰国子女＝バイリンガルではない」
行方昭夫氏『英会話不要論』より

行方昭夫氏（東大名誉教授）は『英会話不要論』（文藝春秋）で、中学の年齢から海外に行ったにもかかわらず、セミリンガルになってしまった子の例を、紹介しています。その子は中学一年生の時に父親の仕事でニューヨークに行き、そこで二年間過ごしてから、三年生の時にまた同じクラスに戻ってきました。彼が話す英語はペラペラになっていたのですが、英文法はめちゃくちゃで、試験の成績も悪かったそうです。それなのに態度も悪く、クラスメートたちは彼の海外生活をうらやむ気持ちがなくなってしまったそうです。この子は、海外生活の中で会話能力はすぐに身に付いたが、学習能力が追いつかなかった典型的な例だと言えます。

COLUMN6 英語の前に漢字をしっかり覚えるべし

（故）渡部昇一氏は、英語を学習することは日本語で格闘することだ、と「訳読式の教授法」を評価しています。そしてその著書『英語の早期教育・社内公用語は百害あって一利なし』（徳間書店）の中で、英語を学ぶ前に日本語をしっかり身に付けておく重要性を述べています。

明治期の大ベストセラー『西国立志編』（自助論）の翻訳者・中村正直は当時、世界を席巻していたイギリスの言葉（英語）の重要さに気づき、「自分は漢学から英語に移ったけれど、初めから英語を学んだほうが早道だ」と考え、実践したのだそうです。やってみると、最初から英語を学んだ若者たちは上達が早いのですが、ある段階に行くと、どの子も進歩が止まってしまうことに気づいたそうです。その一方、漢学の基礎を身に付けている若者は一定の段階に達しても進歩が止まらず、英語からスタートした子どもたちよりも抜きんでてくることが分かったというのです。

漢学とは日本語教育であり、漢文を読むことによって日本語のほうも磨き上げることになります。同じように、訳読および英作文の英語教育も英語と格闘することによって日本語を磨くことになります。したがって、日本語をろくにできもしないうちに外国に行っても、ほとんど意味はない、と渡部氏は述べています。

さらに著書で、外国語がよくできた偉人たちはみな日本語もよくできたと述べています。

福沢諭吉だって漢学ができました。鷗外だって漱石だって、みな、漢詩をつくれるぐらい漢学がよくできた。日本語がよくできたうえで、英語やドイツ語を学んだから、現地の人びとのレベルにまで達することができたのです。こうした漢学の伝統の重みについては何度でも力説すべきであると思っています。（中略）以上のような事実から明らかになるのは、外国語の前には国語があるということです。ここが重要なポイントです。国語をマスターしないかぎり何もマスターできない、と心すべきなのです。では、国語をマスターするにはどんな訓練をすればいいか。その答えはすでにおわかりのとおり、国語をマスターするためには外国語を正確に理解し、的確な翻訳をする訓練を積むことです。非常にパラドキシカル（逆説的）ではありますが、それがいちばんの早道なのです。（『英語の早期教育・社内公用語は百害あって一利なし』より）

つまり、日本語と英語では発音や文字だけでなく、文の構造も異なります。英文法をたどりながら、英文の構造を理解していくことは日本語のより深い理解にも通ずることになります。英文を日本語に和訳したり、日本語から英作文して英語の文章を書いたりすることは、二つの言語比較をしながら高い知力を養う訓練をしていることになる、と渡部氏は言っているのです。

第一段階にあたる会話言語能力は慣れの部分も大きく、比較的早く習得していくそうですが、学校の教科の内容を駆使するような第二段階の学習言語能力は、単に海外で生活するだけでは身に付くものではないようです。かなり親なり本人の努力があって初めて身に付くということです。小学校の四年生以降は、従来のカリキュラムでは漢字をたっぷりと学習する期間となっていました。ここで「音」としてのひらがな、カタカナとともに、「意味」を表す漢字をたっぷり時間をかけて覚えておくことが、中学校になってからの学習言語能力の養成に役立つのではないかと思われます。

「学習言語能力が身に付かなかった悲劇」
市川力氏『英語を子どもに教えるな』より

この、日本語も英語も中途半端なセミリンガルになってしまった子の例と、親の過剰な期待から不幸な最期を遂げてしまった子の例を、市川力氏（東京コミュニティスクール校長）の著書『英語を子どもに教えるな』（中央公論新社）でこう述べています。

一人目の例は小学四年生の男の子です。日本語の本も、妹と一緒に絵本を読むのがやっとであり、本人と会話をしてみても、日本語、英語どちらでも筋の通ったことをしゃべれず、何を話しているのかまったく分からなかったそうです。涙を浮かべながらその様子を眺めていたお母さんの姿が目に焼き付いていた、ということでした。

二人目の例はどうしても（海外の）現地の学校になじめなかった中学二年生の女の子です。まじめな性格が災いして、完璧に現地校の宿題をこなせない自分を許せず、不登校気味になってしまいました。そのうち拒食症になり、ドクターから日本人学校へ転校するか日本へ帰国するかのどちらかを選択するようきつく申し渡されたのですが、親は医師の警告を無視して現地校に通わせ続け、現地校枠で有名私立高校に合格したのですが、数年後、拒食症が回復せず、亡くなってしまったそうです。

ここで再び永井氏の『英語の害毒』によると、もともと華僑の国で、中国語を話す人たちが多いシンガポールでは公用語に英語があるため、バイリンガル教育が進んでいるとされていますが、その実態はこうだと述べています。

この国では、小学校一年から授業時間の過半を英語と民族語（主に中国語）にあてて、算数・数学と理科も英語で教えている。その結果、どちらの言語も読み書き能力の最低水準に達しないものが多いことが報告されている。バイリンガルの類型でいえば、セミリンガルが一番多いという（卢绍昌『华语论集』）。逆に、中国語と英語の両方の新聞が読めるプロフィシェント・バイリンガルの若者は一三%にすぎない（Goh, Report on the Ministry of Education）。バイリンガル国家という看板からイメージする理想像からは、ほど遠い状況だ。シンガポールを早期英語教育のお手本のように考える人が多いが、本当にこんな状態を目指したいのか、よく考えるべきだ。（『英語の害毒』より）

バイリンガル教育の進んだ国というイメージのあるシンガポールですが、そこでも母語と外国語の二ヵ国語でちゃんと新聞まで読める人は、十三%、つまり十人に一人程度しかいないということです。日本の英語教育はどこを目指しているのでしょうか。シンガポールのようにしっかりと外国語教育をしてもこの程度なら、「日本人全員をバイリンガルにする」という目標設定は、むしろ健全な日本人を育てるのに有害になるのではないかと思われます。

また、永井氏は同書の中で、文科省の指導の問題点を以下のように指摘しています。

二〇〇八年度版の高校の学習指導要領は、授業を英語で行うことを定めた。これは、「英語＝英会話」という誤解と、英語の母語話者を理想の英語教師と考える誤解にもとづいている。せっかく教師と生徒の間に日本語という共通言語があるのだから、それを使わないというしばりをわざわざ設けることは教育効果を下げるだけだ。

従来の英語教育の中でも、訳読は特に目の敵にされてきた。日本の英語教育は訳読中心だったのが間違いだった、とよく言われる。しかしそれは、直接教授法が理想的というアメリカ・イギリスに都合のいい考えからくる誤解だ。実際には、目標言語（この場合は英語）だけで授業するよりも、教師が適度に生徒の母語で説明したり訳を適宜利用したりする方が、学習事項の定着度が高いことを実証する研究がいくつもある。（中略）

二〇一一年、小学五・六年生で英語が必修化された。文部科学省の有識者会議は、「アジアトップクラスの英語力育成」を目指して、二〇一八年に小学五年生から英語を正式教科とすることを提言した。文部科学省は、二〇二〇年には開始学年を三年生に前倒しする方針を決めている。

小学校英語は会話を中心にすえる。しかしこれでは、従来の英語教育とは逆に、会話言語能力は高いけれども学習言語能力は低い人材を増やすことになる。（中略）

とはいっても、小学校から読み中心の英語教育を行うことも難しい。まだ日本語の学習言語能力が十分ではないからだ。そうである以上、小学校では英語はやらない方がいい。（同書より）

永井氏の説明は非常に説得力があるように思えます。小学校への英語教育の導入については、かなり以前から鳥飼玖美子氏らがその「危険性」に警鐘を鳴らしてきました。同時通訳者から現在、立教大学の名誉教授である鳥飼玖美子氏は、日本の同時通訳のパイオニアである村松増美さんや、國弘正雄さんなどは帰国子女でもなく、海外留学経験もなく、中学から訳読式で英語を習った人たちであると指摘し、文科省が進める小学校英語を批判しています。

「追いつかれる内部進学生」
鳥飼玖美子氏『危うし！　小学校英語』より

鳥飼玖美子氏（英語教育学者・立教大名誉教授）は『危うし！　小学校英語』（文藝

春秋）の中でこう述べています。
小学校での英語教育はすでに私立小学校の多くで行われています。しかしながら、小学校の時に英語を習った内部進学生には、中学入試を経てきた外部からの入学生に、最初の一年間で追いつかれ、追い抜かれてしまう生徒が結構いるそうです。このことに関してはすでに調査があるそうです。
ひとつは「小学校英語推進派」であるＪＡＳＴＥＣ（日本児童英語教育学会）のプロジェクトチームが行なった調査です。これは小学校で英語を学んだ中・高校生と、そうでない中・高生、八百四十九人を対象に英語技能の熟達度について調べたものです。その結果、英語の「発音」「知識」「運用力」いずれにおいても、両者の間に目立った差がないことが判明したのです。この結果を受けて、調査を行なった樋口氏などでさえも、「小学校での英語学習の成果は『この程度なのか』と思われるかもしれない」と認めています。（『危うし！　小学校英語』より）
さまざまな研究で判明している通り、小学校のいくら早い段階で英語教育を取り入れたとしても、そこで学校の教科の内容を駆使するような第二段階の学習言語能力はつきません。第一段階にあたる会話言語能力がつくのみです。そしてその英語は生徒がみんな楽しく、楽に学ぶことができるものなのでしょうか。小学校に英語教育を導入する危険性も鳥飼氏が指摘しています。

　文科省の調査では、小学校の「英語活動が好き」（「どちらかと言えば好き」を含む）という子どもが七十三・九％いるという結果が出ています。これを裏返せば、すでに、三割弱の子どもが「嫌い」になっていることになります。もし小学校英語が正規の教科となり、成績がつくとなると、さらに多くの英語嫌いの小学生が増える可能性もあります。

　ある私立の中高一貫校の英語の先生によると、小学校で英語塾に通っていた子どもの多さも驚くほどで、それはそれで非常にやりにくいそうです。生徒一人ひとりの英語経験のバラツキをまずは見極めてからでないと、中学で英語の授業が始められないという状況なのだそうです。

　これほど英語教育の専門家の方々から問題が指摘されている小学校への英語教育の導入問題ですが、現実には「教育のグローバル化」などという言葉とともに、どんどん推し進められています。もちろん、成功例もいくつかありますし、小学校で教える先生を養成しなければいけない大学が、かなり教授法などの研究も始めていることは確かです。しかし、何度も言いますが、小学生レベルの英語の「会話言語能力」を習得するために、肝心の日本語の漢字の習得、本を読んで日本語の読解力を伸ばし、日本語の作文練習で日本語の表現力を伸ばすことをおろそかにしていいのでしょうか。

COLUMN7 小学校英語で成功している例

小学校に英語を導入するのは危険性を伴うことが多いのですが、成功している例も少なからずあります。文科省が小学校に英語を導入することを決めてから、小学校英語の研究会も増えてきました。ちなみに私の大学時代のサークルの友人も関西大学の研究会に入って、小学校英語の研究をしています。本文で紹介した市川力氏が『「教えない」英語教育』（中央公論新社）の中でいくつか成功例を紹介しています。

「子ども英語（日常会話英語）」と「大人英語（学習用英語）」とは質的に大きく異な

り、小学校の教科として「英会話学習」を行っても、「大人英語」にはつながっていきません。では、小学校の段階で何をしておけばよいかというと、「英語」を媒介として、子どもの学び全体を活性化し、「大人英語」を学習するモチベーションを高めるような活動が考えられる、と市川氏は述べています。

英語で「知的好奇心を揺さぶる授業」の例として、昭和女子大学付属小学校・小泉清裕先生、新潟県山北町立さんぽく北小学校・渋谷徹先生、東京都大田区立池雪小学校・江尻寛先生、また「国際理解をベースにする授業」の例として、東京都八王子市立大和田小学校・雨宮敬子先生、さらには東京インターナショナルスクール・坪谷郁子氏の授業などを挙げています。

このように小学校での英語の授業が、中学校からの大人の英語につながるような授業を組み立て、実践している例もいくつか見られます。しかし、全国の小学校ですべての小学生にこのような英語教育が必要かと言われたら、小学校では母語の日本語の読み書きをまずはしっかり教えてほしい、と言わざるを得ません。

「授業の英語化は留学生獲得のため？」

施光恒氏『英語化は愚民化（日本の国力が地に落ちる）』より

次は大学教育も見てみましょう。施光恒氏（政治学者・九州大学大学院教授）はその著書の『英語化は愚民化（日本の国力が地に落ちる）』（集英社）で、このまま英語で授業をすることがグローバル化であると勘違いして大学教育が進むと、日本の国力が落ちてしまうと危惧しています。

「スーパーグローバル大学創成支援」とは、「世界大学ランキングトップ一〇〇を目指す力のある、世界レベルの教育研究を行うトップ大学」（タイプA）、または「これまでの実績を基に更に先導的試行に挑戦し、我が国の社会のグローバル化を牽引する大学」（タイプB）を選び、認定した大学には一校につき最大五〇億円（一〇年間）の補助金を与える、というプロジェクトである。一〇四校の応募があったなか、二〇一四年九月に計三七校が認定された。（『英語化は愚民化（日本の国力が

地に落ちる)』より)

このプロジェクトでは、英語で行う授業の割合によって補助金が配分されるそうです。つまり、英語で行う授業数が多ければ、多くの補助金が配分されることになるのです。補助金を少しでも多く獲得したい各大学は、文科省の意向に沿い、英語で行う授業の大幅増を予定しています。そして、いわゆる一流大学ほど、これに積極的に取り組もうとしているようだと、施氏は述べています。

たとえば、タイプAに認定された京都大学は一般教養科目の約半分を英語で行う授業にする計画を提示している。同様に、九州大学は全授業の約四分の一の英語化を目指している。

東京大学理学部化学科に至っては、すでに二〇一四年一〇月から授業はすべて英語で行うようになっている。この英語化の経緯が実に本末転倒なのだ。優秀な留学生を海外から多く集めるために、外国人受験生の日本語能力を問わないことにした。そうなると授業は英語で行わなければならない。留学生獲得のために、日本人学生も英語で授業を受けるはめになったのである。(同書より)

しかし、スーパーグローバル大学のタイプAの目標とは、『世界レベルの教育研究を行う』ことであるはずです。英語で授業を行えば、「世界レベルの授業」となるのでしょうか。当然ですが、日本人学生にとって、日本語が一番理解が深まる言語であり、日本語で思考する時、力を最も発揮できるはずです。英語を授業に増やすと、その研究レベルが世界水準になると言えるのかは、はなはだ疑問であると言わざるを得ない、と施氏も述べています。

実際に日本語で授業を行っていたとしても、日本の大学の研究者が、ノーベル賞級とされる世界最先端の研究を行って、学界の敬意を集めた例はこれまでに数多くあります。二十一世紀に入ってからの自然科学部門のノーベル賞受賞者数では、日本人は、アメリカ人に次いで世界第二位につけていると同書に書かれています。

逆に、アジアやアフリカの、主に植民地支配を経験した発展途上国の大学では、英語のみで授業が行われているところがたくさんある。

英語で授業を行うことが「世界最高水準の教育への道」であるならば、当然、これらの国の大学の教育・研究の水準は世界最高水準であるはずだ。しかし、実際は違う。日本の大学よりも、こうしたアジアやアフリカの大学の研究水準のほうが優れているなどという事実はない。

しかしながら、「英語化さえすれば、世界最高水準の研究や教育が実施でき、バスに乗り遅れずに済むはずだ」という奇妙な「空気」が現在の大学業界に蔓延している。（同書より）

私がアメリカの大学に留学した時に経験しましたが、日本人の研究者が英語の文献を読む場合、日本語で読むよりも三〜五倍は時間がかかるし、しっくりとイメージできるかどうかも分かりません。非常に非効率な研究になることは明白なのに、これがスーパーグローバルレベルなのだそうです。これも英語教育とは少し離れますが、日本の科学者たちは日本語で学問しているからこそ、ノーベル賞級の研究ができる、と松尾義之氏は言っています。

「日本語が読めれば世界中の知識を得られる」
松尾義之氏『日本語の科学が世界を変える』より

松尾義之氏（科学ジャーナリスト・東京農工大講師）は、『日本語の科学が世界を変える』（筑摩書房）で、世界の優れた科学者や科学関係者の一部は、日本人が英語ではなく日本語で科学や技術を展開していることに、ようやく気が付いたようだと述べています。その顕著な例が二〇〇八年十二月八日、ノーベル賞受賞講演会で、益川敏英京都大学名誉教授は、英語は苦手であると言い、日本語で素晴らしい講演を披露されたことでした。益川氏は、英語のスピーチなど流暢にできなくても、日本語による精密な思考や議論を通じて、人類が迫りうる最も深遠な理論や考察はできるのだということを、改めて教えてくれました。

なぜ日本人は英語で科学しないのか？　なぜ日本人は日本語で科学するのか？　その答えは、日本語で最先端のところまで勉強できるから、ということです。知的レベルではそれほど違いのない中国や韓国でも、英語のテキストに頼らざるを得ない状況があるそうです。さらに、日本語で科学できるばかりではありません。日本ほど世界中の本を日本語に翻訳している国はありません。つまり、日本語さえ読めれば、世界中の知識を手に入れることができるのです。松尾義之氏はそのことについて、同書でこう述べています。

日本人は特に一五〇年前の江戸末期に、集中的に必死になって西欧文明を取り入れた。概念そのものが、それまでの日本文化に存在しないものも多かった。そこで、言葉がなければ新たに言葉を作ったりしながら、学問や文化や法律などあらゆる分野について、近代としての日本語（知識）体系を作り上げてきたのである。そのような新しい日本語を使って、現在の日本人は、創造的な科学を展開しているのだ。そしていまや、多くのノーベル賞受賞者を輩出する実力ある社会を作り上げた。だから、基本的に、英語で科学をする必要がないのである。先人に感謝しても、しすぎることはないだろう。（『日本語の科学が世界を変える』より）

繰り返しになるかもしれませんが、外国語の会話言語能力は慣れの部分も大きく、比較的早く習得できますが、第二段階の学習言語能力の習得については、本人の努力、そしてその能力を習得したいという意欲が必要となるのではないかと思われます。鳥飼玖美子氏が前述の『危うし！　小学校英語』（文藝春秋）の中で、大人になってから英語を学んで、十分に身に付いた例はいくらでもあると述べています。

福沢諭吉は二十四歳の時に、自力で勉強を始めました。また、新渡戸稲造、幣原喜重郎、『研究社新英和大辞典』などを編纂し「英語の神様」と言われた岩崎民平などは、みな、中学で初めて英語を学んで、優れた業績を残した人たちです。また、日本の同時通訳のパイオニアである村松増美さん、「同時通訳の神様」と呼ばれた國弘正雄さんは、二人ともごく普通の日本人の家庭で生まれ育って、英語の早期教育などはいっさい受けていません。英語に触れたのは中学の時が初めてです。

この二人の同時通訳のパイオニアは、小学校で英語学習を始めたわけでもなく、帰国子女でもありません。ネイティブ・スピーカーの先生に習ったわけでもなく、日本人の英語の先生に、「文法」「訳読」「音読」といった方法で教科書を使って英語を教わっています。早くから海外留学をしたわけでもなく、海外経験はむしろ大人になってからなのだそうです。

「なぜ英語の授業を英語で？」
鳥飼玖美子氏『英語教育の危機』より

鳥飼玖美子氏はずいぶん前から日本の英語教育を危惧して、多数の著書を出しておられますが、現在の文科省の「オールイングリッシュ」の教授法についても、最近出された著書『英語教育の危機』（筑摩書房）の中で、このように指摘しています。

現在の英語教育が昔の英語教育と最も違う点は、「英語の授業は英語で行うことが基本」とされていることである。（中略）日本人教員も英語で授業することが求められている。今は高校だけであるが、二〇二一年以降は中学でも、英語の授業は英語で行われることになっている。（『英語教育の危機』より）

それではなぜ、英語で授業をする必要があるのでしょうか。日本は日常的に英語を使う環境にないので、せめて教室を英語環境にする、というのが目的であると文科省は説明しています。従来型の英語教育が成果を上げなかったのは、日本語で文法を説明し、英文を日本語訳させる文法訳読が中心だったからであり、英語で授業をすれば、この弊害を排除できる、という狙いもあると言います。

この方針を入れた現行の学習指導要領が公表された時は、高校現場に激震が走りました。日本語で説明しても理解できない生徒を、英語だけでどうやって教えたらいいのかと困惑し、英語だけで授業したら内容が深まらないという声が多く上がりました。これに対し文科省は、「学習指導要領」を解説した文書で、「英語による言語活動を行うことが授業の中心になっていれば、必要に応じて、日本語を交えて授業を行うことも考えられる」と条件付きで日本語を使うことを認めたと、鳥飼氏の著書には書かれています。

ところが、担当者の思い入れは強く、全国各地の教育委員会や教員研修会を回っては、「英語で授業をすることは法律で決まっているのだから、ちゃんとやらないと法律違反になる」と警告した。「学習指導要領」は「告示」であり法律ではないので、これは事実誤認である。（同書より）

また、こうも書かれています。

「英語で授業」をする為に、多くの英語教師は努力しているが、数年以上を経過しても、生徒の英語力が向上したという成果は出ていない。それどころか、文科省が目指した、高校生の半数以上が英検「準2級」以上という目標を達成できていないのが現状である。(同書より)

生徒にとって分からない授業、分かりにくい授業というのは、学校が荒れる原因にもなりますので、これだけ結果も実績も出ていない現在の教授法は改めるべきでしょう。アメリカの「TESOL」方式の教授法をそのまま日本に持ち込んでも、効果はない、ということだと思います。もちろん、文科省の指導を真に受けて、なんとか目の前の生徒に理解させようと、大変な努力をされている先生も少なからずおられます。しかし、文科省が指導する教授法だけが正しくて、他はすべて間違いである、時代遅れである、という認識は間違っています。

基本的には英語で教えようが、日本語で教えようが、生徒にとって一番分かりやすい教授法が最善の方法だと思います。そしてそれは現場の先生方の個性にもよると思います。繰り返しになりますが、日本は独裁国家ではありません。上から指導が出されたら、絶対に従わなければならないという国ではありません。むしろもっと自由に議論して、間違いを直し合い、皆さんでもっといいものを作り上げていくほうが健全な教育の姿であると思います。

COLUMN8 「グローバル化＝英語」ではない

英語教育とは少し論点がずれますが、時々テレビで見かける中国人起業家の宋文洲氏が「グローバル化」について語っている本がありました。宋氏も違った論点からはっきりと「グローバル化＝英語」ではないと指摘しています。宋文洲氏の『英語だけできる残念な人々』（中経出版）より引用します。

「グローバル化＝英語」と思い込んでいる日本人が多くいますが、これはまったく的外れです。中国やブラジルでビジネスをしようとしている品川の日本企業が公用語を英語にすると聞いたときには、本当にびっくり仰天しました。グローバル企業では社員が英語を話すべきだと考えるのは愚かです。世界的ネット通販会社アマゾンの日本法人では、社員は日本語を話しています。（『英語だけできる残念な人々』より）

日本では英語を国際語として学校で学ぶため、英語を話せれば世界中どこでも通用すると思いがちですが、そんなことはありません。私も韓国旅行をした時、確かにソウルや釜山の観光地ではなんとか英語で言うと答えてくれますが、市街地を離れると、全く英語が通用しないことが分かります。電車に乗っても、駅名がハングルしか表示がないため、ハングルが読めないとどこで降りていいのかも分かりませんでした。観光でさえ、こうなのですから、ましてその国でビジネスをしようと思えば、地元の言葉が必要となるはずです。宋文洲氏は著書の中でこう述べています。

私は中国で生まれ、日本で起業しました。現在は中国と日本を行き来しながら、大手企業の海外進出のアドバイザーをしています。ビジネスに必要な語学を習得した結果、中国語と英語と日本語を話すことができます。

私の経歴をかっこいい言葉でいうと「グローバル人材」というのかもしれません。

でも、私は日本では日本語しか使いませんし、中国では中国語しか使いません。（中略）グローバル化とは、英語を話せるようになることではありません。（中略）グローバル化とは、もっともっと泥臭い、徹底した「現地化」「ローカル化」のことです。（同書より）

そういえば私は「フォスター・プログラム」のボランティア翻訳を十年以上やっていますが、日本の里親（援助者：ペアレント）と支援される貧困国の子ども（チャイルド）の間の文通をお手伝いする仕事です。まず日本人のペアレントが日本語で手紙を書き、私がそれを英語に直します。すると日本人スタッフがそれを例えばアフリカ、ブルキナファソの村に持って行くと、まず現地スタッフがその英語をフランス語に翻訳し、さらに村のコミュニティスタッフがそのフランス語を現地語に直して子どもに見せます。そして今度はその子どもが書いた返事を現地語から、フランス語、英語、そして日本語に直してペアレントに届くというわけです。英語が話せれば世界中の人たちとコミュニケーションができる、というのはただの幻想です。

第五章　日本人にわかりやすい英語学習法とは

最後に、私がやってきた実践例を少し紹介しておきたいと思いますが、おそらく、この章に書かれているような教え方は多くの先生方が実践している方法だと思います。日本語と英語は発音も文の構造も違う言葉であることを示し、その違いを分かりやすく比較させてやると、理解がしやすいのではと思います。

英単語は日本語の意味とアルファベットを頭の中でつなげようと思っても、暗号を覚えているようなもので、非常に時間がかかります。何度書いて覚えても、忘れてしまうといった経験をされた方も多いと思います。英単語は「音」を介して「日本語の意味」から「英単語の発音」、そしてその「発音」から「アルファベット」をつなぐようにすると覚えやすくなります。また、長い単語は母音のかたまりでバラして、ひとかたまりずつ音とアルファベットをつなぐようにすると覚えやすいです。

(例) 大事な→インポータント→important

→イン(im)+ポー(por)+タント(tant)

「大事な」という意味と（インポータント）という音をまず頭の中でつなげて、次に（インポータント）という音と「important」という文字をつなげるということです。ちなみにこの単語は　港（port）から入って来る（in）ものは大事なものという意味です。

発音について

では、どんな教え方が生徒にとって分かりやすいのか。これは私のまったくの主観ですが、生徒に日本語と英語をきちっと比較させてその違いをしっかり認識させることが大事なのでは、と感じています。例えば、母音の発音を取り上げてみると、日本語の短音「ア」の長い音は「アー」ですが、英語の場合ａ「ア」の長音は「エイ」となります。そのことが分かれば、「cat」「cake」の発音も分かると思います。

また、日本語においても、例えば「〇〇になってしまう（natteshimau）」が、音韻変化して「〇〇になっちゃう（nattyau）」になったり、関西では「〇〇になってまう

（nattemau）」のようになります。アルファベットを比較してもらうと、どの部分が省略されて、変化しているかが分かります。同様に、英語でも時代によって、さまざまな変化をしてきています。

英語の二重母音は、例えば「seat」（シート）の「ea」は「e」のみ発音して「a」の音は消えています。

さらに、こんなケースもあります。

friend（フレンド）は、fri（フリ）＋end（エンド）＝friend（フレンド）と短縮されたと考えられます。

同様に beautiful（ビューティフル）も bea（ビー）＋u（ユー）＋ti（ティ）＋ful（フル）＝beautiful（ビューティフル）となります。

発音　母音の読み方（授業で提示するプリントの例）

- 母音 [a, i, u, e, o] の発音（短い読み方と長い読み方の2通りの読み方がある。長い読み方がアルファベットの読み方になる。）
- 単語の最後の [e] は読まない。
- 単語の最後に [e] がつくとその前の母音は長い音になる。

a	短	ア	man	back	pass	tap
	長	エイ	name	bake	pace	tape
i	短	イ	mitt	bit	pin	Tim
	長	アイ	mite	bite	pine	time
u	短	ア	cut	bus	pun	sun
	長	ユー	cute	huge	puma	Sue
e	短	エ	met	bed	pet	ten
	長	イー	me	bee	Pete	tea
o	短	オ	not	boss	pot	top
	長	オウ	note	bone	pose	toe

「a」は大きく口を開ける「ア」、「u」はあまり口を開けないで発音する「ァ」と音質が違いますが、最初は細かいことはそれほど気にしなくてもよいと思います。まずは発音とアルファベットの関係を理解させることが重要です。

実際の教科書の単語を並べた例

（発音）母音の読み方			
a	短	ア	blan-ket bag-ga-ge a-is-le
	長	エイ	la-test take in-for-ma-tion
i	短	イ	tic-ket mid-dle pil-low
	長	アイ	mi-nd fli-gh-t ri-gh-t fly
u	短	ア	cup sum-mer much e-no-u-gh
	長	ユー	use su-re co-u-ld du-ring
e	短	エ	ex-tra cen-ter el-se
	長	イー	Ja-pa-ne-se fe-ar the-a-ter
o	短	オ	fore-cast to-mor-row con-cert
	長	オウ	ho-ld o-ver phone mo-ment
o	短	ア	one cof-fee mo-ney won-der
	長	ウー	mo-vie to do to-ni-gh-t

母音が複数ある長い単語については、アクセントのある母音で並べてあります。「o」は「オ」「オウ」以外に「u」と同じ発音「ア」「ウー」になる場合もあります。

（発音）二重母音の読み方		
ee	イー	cheese　gu-a-ran-tee
ea	イー	seat　plea-se　tea
	エ	head　wea-ther
ai(ay)	エイ	clai-m　tray　train
ou(ow)	オウ	k-now　win-dow
	アウ	now　al-low　clou-dy
oo	ウ	book　foot
	ウー	too　food
その他の注意すべき発音		
ir	ァ～	bir-th-day　girl
ur	ァ～	re-turn　nur-se
er	ァ～	per-haps　ser-vi-ce
ear	ァ～	learn　earth

二重母音は、例外もありますが、基本的に最初の母音を長音で発音します。「ir」「ur」「er」は「r」の音につられてすべて同じ音「ァ～」になります。そして「e」＝「ea」なので「ear」も同じ音になります。

ここでも、細かい発音の違いがあるものもありますが、説明は必要最小限度にして、発音とアルファベットの関係だけに注目させます。発音とつづりの関係は「フォニックス phonics」を学ぶとよりよく理解できるのですが、すべてのルールを提示してしまうと、かえって混乱させることにもなりかねないので、ここでは母音の読み方とそのスペリングの関係のみの説明に留めます。

授業では、単語を「音」でつかむことが目的なので、正確な発音はそれほど求めません。まずは日本語の高低のリズムから、英語の強弱のリズムに慣れればＯＫです。細かい正確な発音は、本当に英語を話す機会ができた時に訓練すればすぐにできるようになります。

子音も特徴的な「f」「v」「th」ぐらいは最初から教えてもよいと思いますが、生徒ができるようになるのは、実際に英語を使うようになってから、自分で意識すればよいと考えています。私の場合は高校三年生の時に初めて行ったホームステイの時、「th」の発音は美人のホストシスターに何度も指摘されましたので、意識するようになりました。

正確な発音は幼児のうちから身に付けたほうがよいと言われますが、そんなことはありません。要は口と舌の動かし方が正確にできるかどうかなので、大人になってからでもちゃんと訓練すればできるようになります。私は留学中、スピーチの発表の前に「helpful」がうまく発音できませんでした。「help」と「ful」を単独で発音することはできたのですが、それをつなげて発音するのがうまくできませんでした。しかし、二、三日ブツブツつぶやいて練習していたらうまく発音できるようになりました。

また、留学中、ルームメイトに「銀行に行ってくる」と言うつもりで、「I will go to バンク」と日本式の発音をしたら、「What!? Where? 何だって、どこに行くの？」と聞き返されてしまいました。あ、そうだった、「bank」は「バェンク」だと思って、ゆっくり言い直したら分かってくれました。私の最初の「バンク」は「bunk」に聞こえたようでした。アメリカ中西部で「a」は「エァ」に近い音になり、「o」の短音も「ア」に近い音になります。だから、ニューヨークでは「Boston」は「ボストン」ですが、中西部では「バェストゥン」になります。

このように実践で少しずつ修正していけば、発音はその場面で通じる発音ができるようになっていきます。私の場合は、アメリカ中西部で一年留学してきたものですから、日本に帰ってから、イギリス人のＡＥＴ（英語指導助手）に「Your English is terrible American English（あなたの英語はひどいアメリカなまりですね）」と言われてしまいました。

英文の構造（語順）

高校で五文型を習いますが、英語の概念としては、be動詞を使う（状態）を表す文と、一般動詞を使う（動作）を表す文の二つに分けて考えると分かりやすいと思います。他の文型は、一般動詞を使う形の応用型だと考えます。英文を作る時はまず、be動詞を使う（状態）を表す文なのか、一般動詞を使う（動作）を表す文なのかを判断して、組み立てると英語らしくなります。

(1)　＿＿は is (are) 状態 だ (2)　＿＿が＿＿する 物（人）を（どう）（どこ）（いつ）……
上記の2パターンに分けてみて、(2)の一般動詞のパターンだと判断したら、その応用パターンとして次の4つの形があると考えるとよい。
→第1文型（目的語）がない形 (3)　＿＿が＿＿する →第2文型（目的語）が（状態）を表す（補語）になった形 (4)　＿＿が＿＿する（状態） →第4文型（目的語）に（人）（物）が入る形 (5)　＿＿が＿＿する（人に）（物を） →第5文型（目的語）の部分に(1)＿＿は is（状態）が入る形 (6)　＿＿が＿＿する 物（人）を 状態 に
例文 第1文型→私は（毎日）（公園で）（30分間）走る。 I run for 30 minutes in the park every day. 第2文型→（昨日は）悲しそうだった 彼女、（今日は）うれしそうに見える。 She looked sad yesterday, but (she) looks happy today. 第4文型→彼は（授業中に）彼女に 手紙を 渡した。 He gave her a letter in class. 第5文型→彼の言葉は 彼女を 怒らせた。 His words made her angry. →彼の言葉が（その状態を）作った ＋ 彼女が 怒っている His words made She is angry.

進行形、受身形は(2)の一般動詞の文の形が(1)のbe動詞の文の形に変形したと考えられる。 (2)　＿＿が＿＿する　物(人)を（どう）（どこ）（いつ）…… →進行形　＿＿が　is　＿＿するing　(物（人）を) →受身形　物（人）が　is ＋ 過去分詞　(by ＿＿に) (1)　＿＿は is　状態　だ
現在分詞（...ing形）は動作が進行中である（状態）を表し、受身形の過去分詞は動作を受けている（状態）を表していて、状態を表す形容詞と同じように使うことができることがわかる。 例文 彼女は今、公園を走っている。She is running in the park now. その走っている女の子がボクの妹です。The running girl is my sister. 毎日公園を走っている女の子、知ってる？ Do you know the girl running in the park every day? その地域は台風に襲われた。 The area was attacked by the typhoon. ボランティアの人たちが台風に襲われた地域に行く予定です。 Volunteers are going to visit the area attacked by the typhoon. その歌は若者に人気があります。 The song is popular with young people. 若者に人気のその歌、知ってますか？ Do you know the song popular with young people?

英語文化圏での場所や時に関する発想

英語の場合、上空からその地域や場所を見下ろしているような感覚で、そのスポットを指摘するイメージで場所を表します。住所なども番地などが先で、だんだん広い場所を並べます。日本語では大きな集団や地域の中のこの部分、というように広い場所から狭い町、そして番地へと示します。時間に関してもよく似た発想です。

次のものはほんの少しばかりの例ですが、このように日本語と英語を比較しながら、発音のしかた、文の構造、発想のしかたなどを教えていくと、日本語の知識を土台に、より理解が深まるのではないかと思います。せっかく生徒は日本語の知識を持っているわけですから、その知識を使って、英語を比較させたほうが理解しやすいのでは、と感じています。

（日本語 大→小）	（英語　小→大）
場所を示す場合は点から面へ	
私は 愛知県豊田市にある 工場で働いています。	I work at a factory in Toyota city in Aichi.
名前を示す場合はファーストネームから	
日本の愛知県西尾市に 住む古居家の雄一です。	Yuichi Furui from Nishio-city, Aichi prefecture in Japan
時間を示す場合は〈時→日→月→年〉の順で	
1945年8月6日8時15分に 原爆が落とされました。	An atomic bomb was dropped at 8:15 on 6th of August in 1945.

英語では肯定か否定かをまず先に言う。日本語は最後にそれを述べる

ですから、英語の否定を表すnoやnot（never）などは文の前のほうに出てきます。日本語の否定を表す「○○ではない（ではありません）」は文の最後に出てきます。

（例）「ワクチンが有効であるというのは本当ではない」

That the vaccine is effective is not true.

↓

It is not true that the vaccine is effective.

本来の主語は長いのですが、「そうではない」ということを先に言うために仮主語の形で主語が後ろに移動します。「no」のつく主語がよく出てくるのも英語の特徴と言えます。

アメリカのマネ、追随はやめたほうがいい

文科省の言う「コミュニケーション能力」、つまり「運用能力」については、実践の場面を想定した会話訓練をどれだけやるか、ということなので、発音のポイントと英文の構造の基本知識を理解させ、短い英文を作る練習をしておけば、数ヵ月会話訓練をすることにより、「日常会話」レベルならすぐにできるようになると思います。

『日本の教育はダメじゃない』小松光／ジェルミー・ラプリー著（筑摩書房）という本に、今、さかんに文科省が進めている「アクティブ・ラーニング」はアメリカの教育法をそのまま日本に持ち込んだものだと書いてありました。本家のアメリカではもうとっくにアクティブ・ラーニングはすたれているのに、日本ではまだまだ研究会なども盛んなようです。しかし、この本に書かれているように、なぜアメリカの教育法を日本が取り入れる必要があるのでしょうか。

英語教育についても、アメリカ式のＴＥＳＯＬをそのまま日本に導入しようとして

現場を混乱させていますが、日本はこれまで現場の先生方がさまざまなアイデアを出して、工夫された教授法がたくさんあるはずです。文科省や県の教育委員会の方々には、結果を出している教え方をしている先生方のアイデアをもっと吸い上げてもらいたいし、もっと現場の先生方を信用して、任せてもらえたらと思います。文科省の指導に則って指導しているかどうか、ではなく、きちっと生徒が理解できる教え方をしているかどうかを観察すべきだと思います。

文科省が「中高の英語指導はオールイングリッシュを原則とする」という指導を出したのは二〇〇八年でした。この方針を初めて県教委から聞いた時、さらに十年ほど前に「オーラルイングリッシュ」という科目ができた時のことを思い出していました。この時はまだ大学受験がそれなりに難しかったのと、英語教員の人たちが正気を保っていたので、すぐに文科省の指導を無視して大学受験対策の文法指導を続けていました。それを思い出して、今回の「オールイングリッシュ」の指導もすぐにうやむやになるだろう、と思っていたら、今回は意外と文科省やら県教委の指導がしつこかったようで、未だにオールイングリッシュでコミュニケーション能力をアップさせるという指導がそのまま残っています。

それでも文科省の指導が正しい方向を向いていれば問題はないのですが、どうも日本の現状を考えると、時代錯誤の指導に思えてなりません。現在の日本で「英語のコミュニケーション能力」が必要な場面はあるのでしょうか。現在はスマホアプリなど翻訳・通訳機能がどんどん進化しています。自動翻訳機は何十ヵ国語もの言語をかなり正確に通訳してくれます。外国人が多く訪れる観光地や病院では、通訳士を置くよりも自動翻訳機を配備して対応しているところが多いようです。大学生たちもスマホの翻訳アプリを使って、どんどん海外旅行を楽しんでいます。

また言語学習のプロセスを考えても、運用能力は最後の仕上げですから、必要になった時に、三ヵ月から半年、運用能力（リスニングとスピーキング）を訓練すれば、十分に通じる運用能力は身に付くはずです。昔から識字率といえば、「文字認識」能力のはずです。文字を理解させるためには、母語との比較が大事であると考えます。発音のしかたから文字の書き方、語順、文法、文章構成まで徹底的に母語と習得したい言語との比較をすることで、文字認識能力はついていくものだと思います。

言語比較ということを考えれば、母語なしでのダイレクトメソッドはその効果は薄いと考えられます。母語の知識を十分使いながら、母語とターゲット言語との違いをしっかり理解できれば、その言語の習得は早いと思われます。時に会話や外国の人たちとコミュニケーションをとって楽しむことは気分転換にもなり、よいことだと思いますが、言語習得の基本は読み書きに十分に時間をかけて文字認識力をつけることだと思います。

文科省はまず、日本人にとっての日本語の大切さをもう一度認識してもらいたいと思います。小学校では日本語をしっかりと教え、日本人となる土台を作ってもらいたいです。母語である日本語でしっかりと読解力がついていれば、中学校から英語の学習を始めても十分に力はつくはずです。そして海外に行ったり、仕事上で海外の人たちとコミュニケーションをとらなければならなくなった場合は、集中的に会話訓練をすれば、十分にコミュニケーション能力はつくものです。もちろん、保護者が承知で、私塾などで英語の幼児教育をすることに反対はしません。ただし、その際にも日本語の大切さと早期教育の危険性は十分に保護者に認識してもらいたいとは思いますが。

しかしながら、公教育の中で幼い年齢から日本人全員に英語教育を施すというのはいかがなものでしょうか。

現在、世界で活躍している日本人たちの多くは従来の教育を受けている人たちであることを、もう一度よく考えてもらいたいと思います。文科省の言う英語教育が「正統な英語教育」であると言うなら、日本語の知識を十分に使って学習する「邪道イングリッシュの学習法」をおすすめしたいです。また、英語の達人になりたいと思う方は、ぜひ日本語の本をしっかり読んで、日本語の読解力を十分につけ、日本語の文章力を磨いてから英語学習に取り組んでもらいたいものです。

最後にもう一度繰り返しますが、二十一世紀の日本では、英語コミュニケーション能力は必ずしも必要な資質ではありません。日本は日本語で十分にコミュニケーションをとることができ、日本語だけでノーベル賞をとるほどの高等教育も受けることができるすばらしい国なのです。

グローバル化は社会が目指すゴールではない

現在は、「新型コロナ対策」や「地球温暖化対策」、「ＳＤＧｓ」など国境を越えて、グローバルに問題解決に取り組みましょうという言葉であふれていますが、施光恒氏は『英語化は愚民化（日本の国力が地に落ちる）』（集英社）の中で、社会のグローバル化が進むと、その社会のエリートたちは自分たちの社会に貢献しなくなることを取り上げています。

クリストファー・ラッシュというアメリカの歴史家をご存じだろうか。彼が一九九五年に刊行した『エリートの反逆―現代民主主義の病い』は、グローバル化が本格的に進展すると、エリートたちがどんな振る舞いをするのかを批判的に書いた論評である。アメリカでも日本でも、かつてエリートは地域の名望家であり、天下国家を憂い、責任を負う覚悟を持った存在だった。地域社会のなかに自らの生産基盤を持ち、自分の現在の地位が地域社会やそれを成り立たせている国からの恩恵を被っていることに自覚的だったため、エリートは公共の問題に強い関心を抱いた。自分を育んできた地域社会や国の発展を願い、実際にさまざまな形でそれらに貢献しようとする存在だった。（『英語化は愚民化（日本の国力が地に落ちる）』より）

それまで自分たちの社会のために貢献しようとしたエリートたちは、その社会がグローバル化してしまうと、エリートたちの活躍の場はその社会を離れ、新しく成立したグローバル市場でいかに利益を引き出すかに執心するようになる。そうなると、グローバル社会のエリートたちは、地域社会や国家には愛着や忠誠心を持たなくなり、むしろ社会にとって危険な存在となる、とラッシュは述べています。そして二十一世紀のアメリカはラッシュが危惧した通りのことが起きつつあると言っています。

日本でも西欧崇拝の偏差値の高い大学を出た官僚たちは、国民の痛みが分からないし、国家観もない人が多いように思いますが、日本は、現時点ではアメリカほどひどい状態には至っていないようです。しかし政府の推し進めるグローバル化政策・英語化政策がグローバル市場で活躍できるプレーヤーを作り出すことを目標としているため、その政策がこのまま進めば、日本にも同様の事態が起きる可能性が高いと言えます。そして英語を話せることが、エリートの条件となると、いずれは社会の分断につながるとも危惧されます。

政府が躍起になって作り出そうとしている「グローバル人材」なるものは、アメリカのエリート層と同様、グローバル市場を自らの存立基盤とするものである。日本の地域社会や日本という国家ではない。日本への愛着など、特段、持たない存在となる可能性が高い。それに加えて、日本の新しいエリート層は、日本の一般国民と言語を共有しなくなる。（中略）小学校での英語正式教科化に対応して、やがて私立、および国立の中学校入試で英語が必須となる。英語さえできれば、英語化された日本の一流大学への入学も、それほど難しくなくなると予想される。教育熱心な家庭では、小学生の頃から子供を海外へ留学させることが流行るだろう。日本への愛着や日本人らしい常識を持たず、日本語もうまく話せない新しい世代のエリートが日本の中枢を牛耳るようになるのはまず間違いない。（同書より）

日本に必要なのはスーパーグローバル・スクールではなく、スーパーローカル・スクールなのです。エリート校がグローバル化という愚かなことをやっていますが、これからはスーパーローカル実業高校が活躍する時代だと思います。地元の企業とコラボしたり、地元の社会を活性化したり、街の美化活動をしたりしながら、地域社会の活性化に貢献できる人材をしっかり育てていってもらいたいと思います。グローバル化の波に飲み込まれないように、庶民の力を蓄え、地元の人たちを応援しましょう。

COLUMN9 母語を誇れる世界に

施光恒氏は『英語化は愚民化（日本の国力が地に落ちる）』（集英社）の中で、ケニアのグギ・ワ・ジオンゴ氏という作家を紹介しています。彼はノーベル文学賞候補として毎年のように名前が挙がる人物なのだそうですが、英語で小説を書くのをやめ、ある時期から自分の母語であるギクユ語で執筆するようになったそうです。それは母語で書かなければ、自分たちの本当の感情は表現できないし、文化の独立や発展にもつながらないと考えるようになったからだということです。

ケニアはイギリスの旧植民地ですが、植民地体制下では、宗主国の言語が、現地の言葉よりも価値の高い一種のステイタス・シンボルとなってしまいます。

そして、現地の人々も英語は高級な言語であり、現地の言葉は下級な言語とみなしてしまい、その結果、現地の文化や言語の創造性が損なわれてしまうことを危惧するとグギ氏は言います。

日本は植民地下に置かれているわけではないにもかかわらず、このまま英語重視の教育が続けられると、植民地下の人々と同じような状況に陥るのではないかと施氏は警告しています。英語的な価値観や思考方法こそ先進的でカッコいいと思い込み、日本語や日本的価値観、ひいてはそれを身に付けている大多数の日本人を軽く見るようになるのではないかという危惧です。

母語である日本語だけでノーベル賞がとれるほど高度な教育ができる日本にとって、本当に感謝される国際貢献を行い、他国から尊敬を集める存在になるためには、不公正な世界を不可避的に作り出す現在のグローバル化路線を見直す必要があると指摘します。そして、

日本がなすべきは、新興諸国の人々が、母語で高等教育まで行えるように、そし

て母語で専門職を含むさまざまな職業に就けるように、「翻訳」と「土着化」の国づくりのノウハウを提供し、親身に支援することである。(同書より)

と施氏は指摘しています。

日本にできることは数多くある。たとえば、母語による教科書を作成するためのノウハウやそれを出版するための金銭的助成、母語で教える教師の育成などである。また、法律や経済、自然科学の専門用語の翻訳支援などである。すでに日本政府が実際に取り組んでいる試みとして、発展途上国に対する法整備支援がある。法務省を中心に一九九〇年代から始まったもので、日本の法律の専門家が、ベトナムやラオス、ネパール、ミャンマーなどのアジアの途上国に対して、近代的な法制度づくりの手伝いをしようというプログラムである。(中略)日本が本当に目指すべきは、日本人の英語力強化ではない。目指すべきは、非英語圏の人々が、安心して日本人と同じくらい英語が下手でいられる世界の実現である。(同書より)

日本は、英語が下手でもこんなに豊かで幸せな国ができるという見本にならないといけませんね。「コミュニケーション能力」にこだわる文科省や英語の先生たちが目覚めないといけません。同時に（故）渡部昇一氏が指摘するように「外国語と格闘することで日本語の理解が深まる」という言葉も大事であるように思います。日本の外国語教育が正しい方向に向いてくれることを願っています。

COLUMN10　現場で観察した生徒の能力

私が退職前、最後に勤務した高校は、もともと実業高校だった学校が総合学科に変わり、そこに普通科進学コースができ、毎年五十〜六十名ほどが進学を目指している学校です。市内に進学校が二校ありますので、この学校の普通科コースに入ってくる生徒はそれほどレベルが高いわけではなく、国公立大学を目指す生徒は例年五〜六名、大半の生徒は中堅私立大、または医療系などの専門学校を狙うという学校です。

そんな学校でありながら、私が三年生の時に関わった生徒で、飛び抜けて英語ができる生徒が二年連続で現れましたので、私なりにその理由を考えてみました。一人は二年生まではそれほど飛び抜けた成績でもなかったのに、三年生になってぐんぐん実力がつき、大学入試センター試験は二百点満点中百九十点をとりました。続けて翌年も三年生を担当したのですが、四月の時点ではそれほどパッとしていなかった生徒がぐんぐんと伸びて、やはりセンター試験で百八十点とってしまいました。

本校もごくたまに「あれ、なんで隣の進学校に行かなかったの」と思うような優秀な生徒が入ってきますので、センター試験で百五十点ぐらいとって、国公立大を狙えるような生徒はたまにいます。それでも、そういう子たちは、一、二年生のうちから他の生徒とは違う雰囲気を持っていますし、よく勉強もしているな、と教員側も感じとることができる生徒です。そういう子たちが百五十～百六十点とれば、よくがんばったなあ、と思って見ていました。

そんな中で、二年連続で、百九十点、百八十点はできすぎだろうと思ったのです。私はこの子たちを授業と補習では接していましたが、特に個人指導したわけでもないので、どこできっかけを作ったのか、正確に分かるわけではありませんが、自分なりに仮説を立ててみました。

日本語よりもはるかにシンプルな構造をしている英語は、その基本構造がスパッと理解できると、割合に理解が進んでいくものだと思います。おそらく、英語のシンプルな構造に気づいた二人の生徒は、例えば八十%～八十五%の単語しか分からない文章でも、英語の文章の構造から意味をとらえていくと、なんとか意味が理解できたのかもしれない、と感じています。

英語のシンプルさを実感できていない生徒は、九十%以上の単語が分かっていないと文章を読み切れないのかもしれません。また文法問題も英語の文のシンプルさを実感した二人は知らない語句に直面しても、英文の構造上から直感が働くようになっていたのかもしれません。数学が得意な子が公式のしくみを理解しているという感覚と似ているかもしれません。最初から日本語の読解力のある生徒なら、難しい英語を読んでも、単語の置き換えだけで、十分に理解できると思いますが、日本語の読解力が不十分な生徒に早くから難解な英文を読ませても、もしかすると、逆効果になるのかもしれません。

易しい文をじっくり十分な量読ませて、英語のシンプルさを感じられた生徒は勢いよく英語の力が伸びていくのかもしれません。センター試験で百八十点とった生徒は、夏までは中堅私立大学を目指して、易しい長文問題を何冊も読み込んでいました。そして授業では、英作文の練習をかなりやり込みました。「易しめのたっぷりの量の長文読解と英作文演習」が英語上達の土台になるのではないか、と感じたのですが、いかがでしょうか。英文法も英語を教えるうえでとても大事な要素ですが、英文構造はできるだけシンプルに教え、英作文演習でそのシンプルさを実感させる、これがとても重要であると感じています。

我々教員は、三年生になると、入試対策と称して入試の過去問中心に演習させることが多いのですが、この学校のようなレベルの生徒にとっては、もう一段階、易しい英文をたっぷり読ませる時期が必要なのではないかと感じます。また、文法問題に関しても、最近の入試問題の対策として穴埋めやら選択問題を多くやらせてしまうのですが、意外に英作文演習が効果的なのではないかと感じています。英作文をやりながら、日本文と英文の構造を比較していく。その際にできるだけ難解な単語や熟語は使わず、易しい語句で表現し、短い文をたくさん作るよう指導してやると、英文構造のシンプルさを感じやすくなるように思います。

また、長文問題を解く時は必ず、和訳の日本語と比較してみることをアドバイスしています。特に模擬試験等で自分が読み切れなかった英文は、段落ごとに日本語と英語を読み比べてみるよう指示します。まず段落ごとに日本語と英語を読み比べてみて、それでも分かりにくかったら、一文ずつ日本語と英文を比較しながら確認して読んでみるとよいです。その中で特に意味のとれなかった難解な文については、日本文と英文の双方に下線や（）をつけて、意味のまとまりを意識させると分かりやすいと思います。また英語長文問題が苦手という生徒も、最初のうちは和訳を見ながら英文を読ませると、だんだんと英文を読むことに慣れていきます。

もう一度繰り返しますが、「オールイングリッシュ」でどっぷり英語に浸かって学習した生徒よりも、きちっと日本語と英語を比べながら学習して、それぞれの文章構造を理解できた生徒のほうが伸びるのではないでしょうか。そして大学に入ってから第二外国語に接する際にも、その理解が役立つのではないかと思います。

文科省が小学校に英語教育を導入すると発表してから、子どものための英語塾があちこちで見られるようになりました。小学生さらには幼児向けの英語塾がこれだけできてしまい、そこで利害関係が確立してしまうと後戻りするのはもう難しいのかもしれません。もしかすると、家でゲームをやっているよりもマシなのかもしれません。しかしながら、小学生のうちはたっぷりおもしろい本を読んで、日本語の読解力をつけてもらいたいと思います。

最後にもう一度繰り返しますが、英語の達人になるためには、まず日本語の達人になることです。日本語を母語とする日本人が、日本語の能力以上に英語の力がつくことはありません。また、英語は必ずしも日本で暮らす日本人にとって必要な資質ではありません。日本人として恥ずかしくない日本語の能力（読解力・文章力）をつけることが大切であると思います。

おわりに

私が大阪で三年間働いてから大学に入ったのが一九八〇年でした。その二年前の一九七八年が日中友好条約締結の年で、世の中がなんとなく中国ブームという雰囲気でした。私は大学に入学して第二外国語は「これからは中国の時代でしょう」と思って、迷わず「中国語」を選びました。大学一年生の時は、中国語の先生が日本人で授業もなかなかおもしろかったので、そこそこ真面目に中国語を勉強しました。

二年生になり「中国語Ⅱ」の授業は中国人のリー先生でした。他の大学から講師として外大に教えに来てくれている人でしたが、週二時間の授業で毎回のように中国の社会主義の問題点を話してくれました。「中国では自由に旅行も行けないんだ」「集団農場と言っているけれど、人民軍の兵士たちがやってきて農民たちを追い立てるように作業をさせている。そんな農業で生産性が上がるわけがない」「中国から日本にやってきた私の友人たちは私がクルマを持っていることを知り、非常に羨ましがっていた。中国での生活は思っているほどいいものではない」などです。

日本と中国の関係が深くなれば中国語の勉強が将来役に立つかもしれない、自分も将来中国に行くことがあるかもしれない、と思って中国語を選択した私たちはリー先生の話に驚きました。中には、「私たちは中国と仲良くしたいと思って中国語を勉強しているのに、なぜ先生は中国の悪口ばかり言うのですか」と問い詰める学生もいました。しかしリー先生は「悪口ではない。本当のことを知ってもらいたいんです」と言われました。

私は大学に入ったばかりの時は図書館で、エドガー・スノー氏の『中国の赤い星』やら本多勝一氏の『中国の旅』など、中国を絶賛する本も読んでいたのですが、リー先生のおかげでそれらの本に書かれている中国は真の姿ではないということがわかってきました。そして違う観点から書かれている本も多く読むようになり、中国は希望に満ち溢れる国ではない、それどころかとんでもない国なのかもしれない、と思えるようになりました。そこから中国語の勉強は控えて、英語の勉強に没頭できたことで、その後、留学試験に合格できたのかもしれません。

アメリカに留学してアジアの他の国々からやってきた留学生たちと出会い、日本人である私を敵視するどころか、非常に温かく接してくれた経験から、私が学校で習ってきた戦争の歴史にも間違いがあることに気づくことができました。私が大学に入って出会った中国人のリー先生の講話、そしてアメリカ留学体験によって、私のそれまでの価値観が大きく変わり、本当は一体何があったんだろうか、ということに大きく興味を持つことになりました。その後、教員生活の中で大きな書店に行って客観的な事実が書いてありそうな本を探したり、実際にアジアの国を訪問して現地の人たちと話をすることで、ようやく正しい歴史認識ができるようになってきました。

私にとっての関西外大は、そのように私の価値観、人生観を変えてくれた大切な母校でした。その大学で出会ったクラスメートやサークルの仲間たちはその後の大切な友人となりました。しかし、この関西外大に二〇〇九年、中国の孔子学院が設置されたと聞き、とても残念な気持ちになりました。国際交流、留学を売りにしている大学なので、当然、中国との交流もあるだろうと思っていましたが、孔子学院までできてしまったとなると、大学内で中国共産党の価値観に沿った内容の講義が行われる可能性が出てきます。私に大きな影響を与えてくれたリー先生のような講師や教授は今の外大には存在できないのではないかと心配です。

私は関西外大のおかげで夢だったアメリカ留学が叶い、その経験を通じて自分の価値観や人生観まで変わりました。その後の人生も万事順調ではなかったですが、正しい歴史認識を追い求めて本を読み進めることで、自分が日本人として生まれ、日本で人生を終えることができることに誇りが持てるようになりました。そのきっかけを与えてくれた当時の関西外大に感謝しています。しかしながら、その一方で、孔子学院を抱えた現在の外大が中国から何の圧力も受けることなく、正しい英語教育を広める機関であり続けてくれることを願うばかりです。

日本の大学教育が、何らかの力によってゆがめられてしまう可能性がある現状を考えると、英語教育もイギリスやアメリカからの何らかの圧力によって、ゆがめられているような気がしてなりません。文科省にはイギリスやアメリカではなく、日本国内の現場のほうに目を向け、現場の先生方の声を十分に吸い上げてほしいと願っています。何の肩書も実績もない平教員からの声ですが、現場の先生方がよりよい英語教育に向けて議論をしていくきっかけになればと思っています。文科省のお役人の方々にはぜひ、このような現場の教員の声を握りつぶすことなく、現場の教員に任せる度量を持って指導・管理をしていただきたいと願っています。

最後に、私が退職をして大学にでも入り直そうかと思っていたところ、新聞で文芸社の出版相談の記事を見て、物は試しと電話してみると、丁寧に相談に応じ、名もない平教員で退職した者の原稿を見て、本にしてもいいよと背中を押してもらえました。自分の本を出すなど考えてもいなかった私のつたない原稿を読んでくださり、本を出しましょうと言ってくださった文芸社の皆様に感謝します。

すぐに大学に入ることはできなくなりましたが、文芸社の添削指導を頼りに原稿を書き進めるのは、退職した私にとって、最高のひと時でした。ありがとうございました。

二〇二三年　六月

古居 雄一

参考文献

市川力（二〇〇四）『英語を子どもに教えるな』中央公論新社
糸川英夫（一九九四）『人類は21世紀に滅亡する!?』徳間書店
大津由紀雄、江利川春雄、斎藤兆史、鳥飼玖美子（二〇一三）『英語教育、迫り来る破綻』ひつじ書房
小松光、ジェルミー・ラプリー（二〇二一）『日本の教育はダメじゃない』筑摩書房
斎藤兆史（二〇〇六）『日本人に一番合った英語学習法』祥伝社
鈴木孝夫（二〇一四）『日本の感性が世界を変える』新潮社
施光恒（二〇一五）『英語化は愚民化（日本の国力が地に落ちる）』集英社
宋文洲（二〇一三）『英語だけできる残念な人々』中経出版
鳥飼玖美子（二〇〇六）『危うし！　小学校英語』文藝春秋
鳥飼玖美子（二〇一八）『英語教育の危機』筑摩書房

永井忠孝（二〇一五）『英語の害毒』新潮社
長沢寿夫（二〇一〇）『中学英語がまるごとスッキリわかる本』フォーラムA
長沢寿夫（一九八七）『中学3年分の英語を3週間でマスターできる本』明日香出版社
行方昭夫（二〇一四）『英会話不要論』文藝春秋
成毛眞（二〇一一）『日本人の9割に英語はいらない』祥伝社
松尾義之（二〇一五）『日本語の科学が世界を変える』筑摩書房
渡部昇一（二〇一四）『英語の早期教育・社内公用語は百害あって一利なし』徳間書店
Theodore Anderson and Mildred Boyer（1970）Bilingual Schooling in the United States
Iris C. Rotberg（1982）Federal Policy in Bilingual Education（American Education 18）
Sandra Fradd（1982）Bilingualism, Cognitive Growth and Divergent Thinking Skills（The Educational Forum 46,1982 summer）

著者プロフィール
古居 雄一（ふるい ゆういち）
1959年愛知県生まれ。1977年愛知県立碧南高等学校商業科卒。
大阪の木材会社（大弘産業株式会社）にて勤務後、1980年関西外国語大学入学、1982年から一年間ミネソタ州ハムリン大学に留学。
1984年関西外国語大学卒業。
1985年より34年間、愛知県立高校にて英語教諭として勤務。
2019年に定年退職。

邪道？イングリッシュのすすめ
文科省英語学習指導要領に異議あり！

2023年９月15日　初版第１刷発行

著　者　古居 雄一
発行者　瓜谷 綱延
発行所　株式会社文芸社
〒160-0022　東京都新宿区新宿1－10－1
電話　03-5369-3060（代表）
03-5369-2299（販売）

印刷所　株式会社フクイン

ISBN978-4-286-29017-1